KUCHEN *und* TARTES

Moewig
Ein Verlag der Edel
Germany GmbH

Titel der Originalausgabe:
Tarts & Pies

Diese Ausgabe erscheint bei der Edel Germany GmbH als
Lizenzausgabe.
Project Director: Anne McRae • Art Director: Marco Nardi
Photography: Brent Parker Jones, Paul Nelson (R&R PhotoStudio)
Text: Carla Bardi, Rachel Lane • Editing: Foreign Concept
Food Styling: Lee Blaylock, Rebecca Quinn
Layouts: Aurora Granata

Neumühlen 17, 22763 Hamburg
www.edel.com • 3. Auflage 2014

Übersetzung: Wiebke Krabbe, Anna Gülicher-Loll
Satz der deutschen Ausgabe: lesezeichen Verlagsdienste, Köln
Redaktion der deutschen Ausgabe:
trans texas publishing services GmbH, Köln

Umschlagfoto: H et M / Sucré Salé • Coverdesign: Véronique Laporte
Coveradaption: Groothuis. Gesellschaft der Ideen und Passionen mbH |
www.groothuis.de

Printed in China
ISBN 978-3-86803-546-9

Carla Bardi
Rachel Lane
55 REZEPTE
EINFACH UND
KÖSTLICH
KUCHEN
und
TARTES
MOEWIG

Tartes & Kuchen

Tartes mit und ohne Haube sowie gedeckte Kuchen (Pies) sind keine neue Erfindung. Archäologen haben bei Ausgrabungen in Ägypten Reste von einem ähnlichen Gebäck mit handgeformtem Boden und einem Belag aus Honig gefunden, die vor über 11.500 Jahren auf heißen Kohlen gebacken wurden. Die alten Griechen und Römer bereiteten Teig aus Mehl und Wasser zu und füllten ihn mit Fleisch. Im Mittelalter bevorzugte man süße Füllungen, manchmal auch Mischungen aus herzhaften und süßen Zutaten. Ein andalusisches Rezept aus dem 13. Jahrhundert beschreibt einen Teig aus Mehl, Eiern und Safran mit einer Füllung aus Schildkröten. In Italien verblüfften Meisterköche ihre adligen Auftraggeber mit riesigen Pasteten, gefüllt mit lebenden Vögeln, die beim Anschneiden davonflogen. Manche Pasteten waren so groß, dass sich darin Sänger oder Tänzer verstecken konnten und plötzlich hervorsprangen, um die Bankettgäste zu unterhalten.

In England nahm man diese Backwaren, die dort Pies heißen, richtig ernst. Königin Elizabeth I. schwärmte für Apple Pie und Kirsch-Pie, und man munkelt, sie habe das Rezept sogar erfunden. Frühe Auswanderer nahmen das Rezept mit nach Amerika und sorgten dort für seine Verbreitung – dies geschah so gründlich, dass mancher den Apple Pie für eine amerikanische Erfindung hält.

Dieses Buch präsentiert 57 verlockende Rezepte mit genauen Anweisungen für perfekte Böden. Der Unterschied zwischen Kuchen, Pies und Tartes ist nicht unbedingt immer eindeutig. Kuchen können mit Füllung und einem Belag zubereitet werden, Pies haben einen „Deckel“ und Tartes werden oft – aber nicht immer – blindgebacken. Manche unserer Rezepte haben auch einen Boden aus zerdrückten Plätzchen oder Waffeln. Wir hoffen, dass Ihnen das Backen und Genießen der Köstlichkeiten so viel Freude macht wie uns.

Gegenüber: Der amerikanische Künstler William Meade Prince malte das Bild Thanksgiving Pie, das 1930 auf dem Titel der Zeitschrift „Country Gentleman“ abgedruckt wurde.

NOVEMBER
27

Tipps & **Tricks**

Das Geheimnis einer perfekten Tarte oder eines perfekten gedeckten Kuchens (Pie) ist der Mürbeteig. Er muss zart und knusprig sein, darf aber keinesfalls zerbröseln. Er muss so gut schmecken, dass man ihn auch gern ohne Belag oder Füllung essen würde. Wir stellen zwei Grundrezepte vor: einen üppigen, leicht süßlichen, und einen leichteren, buttrigen, aber ohne Zucker, der auch zu herzhaften Belägen passt. Beide bilden die Basis vieler Rezepte in diesem Buch, und ihre genaue Zubereitung wird auf Seite 8–11 beschrieben. Daneben finden Sie einige Rezepte mit besonderen Böden.

Wer mit Tartes und Pies wenig Erfahrung hat, sollte mit einfachen Rezepten wie der Erdbeertarte auf Seite 14 beginnen. Befolgen Sie die Anweisung Schritt für Schritt und denken Sie daran, dass die Bäckerei ein wenig Übung erfordert.

Wir empfehlen zum Backen feines Weizenmehl (Type 405). Für einen Vollkornboden können Sie ein Drittel des feinen Mehls durch Weizenvollkornmehl ersetzen. Die Butter macht den Teig schön mürbe und verhindert, dass er durchweicht. Früher verwendete man Butterschmalz, also reines Fett (Butter enthält etwa 80 Prozent Fett). Zu wenig Fett im Teig macht den Boden bröselig.

Oben: Kirschtarte (Rezept auf Seite 54) schmeckt herrlich mit einem Löffel Crème fraîche oder Schlagsahne.

Wir stellen Ihnen zwei Methoden der Teigzubereitung vor: mit der Küchenmaschine und von Hand. Mit der Küchenmaschine geht es schnell, aber der Teig gelingt nur perfekt, wenn die Zutaten nicht zu lange verarbeitet werden. Erfahrene Bäcker schwören, dass handgemachter Teig zarter ist. Wenn Sie die Küchenmaschine benutzen und danach den Teig von Hand flach drücken, schauen Sie, ob Sie kleine Butterflöckchen an der Oberfläche erkennen können. Sie sind das beste Indiz dafür, dass der Teig nicht zu lange bearbeitet wurde, also herrlich mürbe wird.

Mürbeteig sollte immer gekühlt werden, damit er fest wird und sich leichter ausrollen lässt. Nach dem Einlegen in die Form wird er nochmals gekühlt. Formen mit herausnehmbarem Boden machen es leicht, Tartes und Kuchen auf eine Servierplatte zu heben, ohne sie zu zerbrechen. Ein Teigdeckel muss immer mit einem scharfen Messer eingestochen werden, damit der Dampf entweichen kann. Anderenfalls kann er unschöne Beulen bekommen oder unkontrolliert am Rand aufplatzen. Viel Freude beim Backen!

Oben: Erdbeertarte (Rezept auf Seite 14) ist nicht schwierig zu backen und eignet sich als Dessert ebenso gut wie zum Kaffee am Nachmittag.

Süßer Mürbeteig

250 g Mehl, plus etwas Mehl zum Bestäuben • 65 g Feinstzucker • 1/4 Teelöffel Salz
150 g kalte Butter, in kleinen Würfeln, plus etwas Butter zum Einfetten
1 Ei (Größe L) • 2 Esslöffel Sahne (mit hohem Fettgehalt) • Backerbsen
Schokoladen-Mürbeteig: 200 g Mehl plus 50 g Kakaopulver (statt 250 g Mehl)

ERGIBT 8 **STÜCKE • ZUBEREITUNGSZEIT** 15 MINUTEN • **BACKZEIT** 10–15 MINUTEN

Mit der Küchenmaschine (unten)

1a. Mehl, Zucker und Salz mit dem Rotiermesser der Küchenmaschine kurz mischen. Die Butter zugeben und 12–15-mal kurz durchmixen, bis die Mischung wie grobe Semmelbrösel aussieht.

2a. Ei und Sahne bei laufendem Gerät zugeben und mixen, bis sich ein Teig bildet.

Mit der Hand (unten)

1b. Mehl, Zucker und Salz in einer Schüssel oder auf einer sauberen Arbeitsfläche mischen. Die Butter mit einem Messer oder mit den Fingern einarbeiten, bis die Mischung groben Semmelbröseln ähnelt.

2b. Ei und Sahne in einer Schüssel verquirlen. Mit einem Holzlöffel unter die Mehl-Butter-Mischung rühren.

1a

2a

1b

2b

3. (Foto gegenüber) Den Teig auf Frischhaltefolie geben, zu einer 18 cm großen Scheibe flach drücken und einwickeln. Mindestens 30 Minuten (oder bis zu 48 Stunden) in den Kühlschrank legen.

4. Eine Tarteform (28 cm Ø) mit Hebeboden leicht einfetten.

5. Den Teig auswickeln und auf eine kühle Arbeitsfläche legen. Ideal ist eine Marmorplatte (aus dem Küchenfachhandel), weil sie verhindert, dass der Teig zu schnell weich wird. Den Teig auf beiden Seiten mit etwas Mehl bestäuben.

6. Den Teig zwischen zwei Lagen Frischhaltefolie oder Backpapier zu einem 3 mm dünnen und 33 cm großen Kreis ausrollen. Die obere Folie zwischendurch anheben und den Teig leicht mit Mehl bestäuben, falls er klebt. Wenn er zu weich wird, wieder in den Kühlschrank stellen.

7. Die obere Folie abnehmen. Die Teigrolle mit etwas Mehl bestreuen und den Teig locker um die Rolle legen, dabei auch die andere Folienschicht ablösen. Nun kann er in die Form gelegt werden.

8. Den Teig vorsichtig von der Teigrolle in die Form abrollen und locker über den Rand legen. Mit den Fingern an den Formrand andrücken, der Teig sollte dabei nicht einreißen. Den überhängenden Teig nach innen falten und andrücken, um einen 5 mm dicken Rand zu erhalten. Vor dem Backen kann der Teig nochmals 30 Minuten gekühlt werden.

9. Etwa 20 Minuten vor dem Backen den Ofen auf 200 °C vorheizen. Den Teig in der Form mit Alufolie bedecken, Backerbsen daraufstreuen und 5 Minuten blindbacken. Die Temperatur auf 190 °C reduzieren und weitere 5–10 Minuten backen, bis der Teig fest und goldbraun ist.

10. Der Teig sollte gerade gar gebacken sein, sodass man ihn pur essen könnte. Er wird mit Füllung oder Belag dann nochmals gebacken.

Mürbeteig ohne Zucker

**400 g Mehl • 1/4 Teelöffel Salz • 250 g kalte Butter, in kleinen Würfeln, plus etwas Butter zum Einfetten
6–8 Esslöffel Eiswasser • 1 Esslöffel Apfelessig • Backerbsen**

ERGIBT 8 **STÜCKE • ZUBEREITUNGSZEIT** 15–20 MINUTEN • **BACKZEIT** 15–20 MIN.

Mit der Küchenmaschine (unten)

1a. Mehl und Salz mit dem Rotiermesser der Küchenmaschine kurz mischen. Die Butter zugeben und mehrmals kurz mixen, bis die Mischung wie grobe Semmelbrösel aussieht.

2a. 6 Esslöffel (90 ml) Eiswasser und den Apfelessig zugeben und 5–6-mal mixen. Die Mischung mit den Fingern zusammendrücken. Hält sie nicht zusammen, noch 1 Esslöffel Wasser zugeben. 2–3-mal mixen und nochmals testen. Die fertige Mischung sollte krümelig sein und nur zusammenhalten, wenn man sie andrückt.

Mit der Hand (unten)

1b. Mehl und Salz in einer mittelgroßen Schüssel mischen. Die Butter mit einem Teigschaber oder mit den Fingern einarbeiten, bis die Mischung groben Semmelbröseln ähnelt.

2b. 6 Esslöffel (90 ml) Eiswasser und den Apfelessig mit einem Gummischaber einarbeiten, dabei den Teig gegen die Schüsselwand drücken. Falls nötig etwas mehr Wasser zugeben, sodass ein fester Teig entsteht.

3. Den Teig flach drücken, in Frischhaltefolie wickeln und 1 Stunde in den Kühlschrank legen.

4. Den Teig auswickeln und gegebenenfalls in zwei gleiche (für einen Teigdeckel) oder etwas ungleiche Portionen (für ein Teiggitter) teilen. Eine Portion (bei Rezepten mit Teiggitter die größere) auf einer kühlen Arbeitsfläche (im Idealfall Marmor) zu einem 3 mm dünnen und 30 cm großen Kreis ausrollen. Zügig arbeiten, damit der Teig nicht zu weich wird. Von der Mitte zu den Rändern rollen. Den restlichen Teig einwickeln und wieder in den Kühlschrank legen.

5. Den Teig locker um die Teigrolle wickeln und vorsichtig in die Form legen. Den Teig mit den Fingern an die Formwand drücken, er sollte dabei nicht einreißen. Den Rand so abschneiden, dass er 1 cm über den Formrand hinaussteht. Für ein Rezept ohne Teigdeckel den Teigrand nach innen falten und andrücken. Für ein Rezept mit Teiggitter mit der Teigrolle über die Form fahren, um den Teig am Formrand sauber abzutrennen. Mindestens 30 Minuten kühlen.

6. **Die Füllung** gemäß Rezept vorbereiten und auf den Teigboden geben. Für einen Teigdeckel den restlichen Teig zu einem 28 cm großen Kreis ausrollen, locker um die Teigrolle legen und auf der Füllung platzieren. Den überstehenden Rand zwischen Form und Teigboden schieben und festdrücken.

7. **Für ein Teiggitter** den restlichen Teig zu einem Oval von ca. 28 x 30 cm ausrollen und mit einem gewellten Teigrädchen in 2 cm breite Streifen schneiden. Die Randstreifen nicht verwenden.

8. **Die Hälfte** der Streifen in einer Richtung über die Füllung legen. Jeden zweiten Streifen bis etwas über die Mitte zurückschlagen. Einen Streifen quer in die Mitte legen. Die Teigstreifen wieder flach auflegen. Die weiteren Querstreifen ebenso auflegen. Das Muster entsteht, indem abwechselnde Streifen der ersten Lage zurückgefaltet werden.

9. **Fortfahren,** bis alle Streifen aufgelegt sind. Beim Abschneiden die Streifen 1 cm überstehen lassen.

10. **Den Rand** mit Wasser befeuchten, die Enden unter den Teigrand schieben und andrücken.

Zitronentarte

ERGIBT 8 **STÜCKE · ZUBEREITUNGSZEIT** 45 MINUTEN + 1 STUNDE KÜHL- UND ABKÜHLZEIT
GARZEIT 45–55 MINUTEN

BODEN
Süßer Mürbeteig (siehe Seite 8–9)

ZITRONENCREMEFÜLLUNG
8 Eier (Größe L) · 300 g Feinstzucker
250 ml frisch gepresster Zitronensaft · fein abgeriebene Schale von 3 unbehandelten Zitronen · 250 g Sahne (mit hohem Fettgehalt)

BODEN **1. Den süßen** Mürbeteig zubereiten und mindestens 30 Minuten kühlen. **2. Die eingefettete** Tarteform mit Hebeboden (28 cm Ø) mit dem Teig auslegen und blindbacken (siehe Seite 9).
FÜLLUNG **3. Den Backofen** auf 150 °C vorheizen und ein Backblech in den Ofen schieben. **4. Eier** und Zucker in einer großen Schüssel einige Sekunden durchrühren, aber nicht schaumig schlagen. **5. Den Zitronensaft** durch ein feines Sieb passieren, mit Zitronenschale und Sahne zur Eiermischung geben und glatt rühren. **6. Die Füllung** auf dem vorgebackenen Boden verteilen. **7. Die Tarte** 35–40 Minuten backen, bis die Füllung fest ist und sich nur in der Mitte noch nicht ganz gesetzt hat. **8. Abkühlen** lassen und zimmerwarm servieren.

Dieser Klassiker schmeckt zu allen Jahreszeiten mit frischem Obst oder einem Löffel Schlagsahne.

• **Wenn Sie dieses Rezept mögen,** versuchen Sie auch die Orangen-Ricotta-Tarte auf Seite 24.

Erdbeertarte

ERGIBT 8 **STÜCKE · ZUBEREITUNGSZEIT** 30 MINUTEN + 1 STUNDE KÜHL- UND ABKÜHLZEIT
GARZEIT 20–25 MINUTEN

BODEN

Süßer Mürbeteig (siehe Seite 8–9)

ERDBEERFÜLLUNG

450 g Erdbeerkonfitüre mit Stückchen
80 g gehobelte Mandeln

BODEN **1. Den süßen** Mürbeteig zubereiten und mindestens 30 Minuten kühlen. **2. Die eingefettete** Tarteform mit Hebeboden (28 cm Ø) mit dem Teig auslegen und blindbacken (siehe Seite 9). Etwas abkühlen lassen, inzwischen die Füllung vorbereiten.

FÜLLUNG **3. Den Backofen** wieder auf 190 °C vorheizen. **4. Die Erdbeerkonfitüre** gleichmäßig auf dem vorgebackenen Boden verteilen und mit den Mandeln bestreuen. **5. Die Tarte** 10 Minuten backen, bis die Konfitüre brodelt und die Mandeln goldbraun sind. **6. Lauwarm** oder zimmerwarm servieren.

Diese klassische Tarte können Sie mit Konfitüre aus dem Vorrat zu jeder Jahreszeit backen. Auch mit Himbeerkonfitüre schmeckt sie prima.

• Wenn Sie dieses Rezept mögen, versuchen Sie auch die Linzer Torte mit Schokoboden auf Seite 86.

BODEN

Süßer Mürbeteig (siehe Seite 8–9)

VANILLECREMEFÜLLUNG

500 ml Milch · 1/2 Zimtstange · 3 große Eigelb

75 g Zucker · 3 Esslöffel Speisestärke · 1 Esslöffel gesalzene Butter

BELAG

300–450 g frische Himbeeren

ERGIBT 8 **STÜCKE · ZUBEREITUNGSZEIT** 30 MINUTEN + 1 STUNDE KÜHLZEIT · **GARZEIT** 25–35 MINUTEN

Himbeertarte mit Vanillecreme

BODEN **1. Den süßen** Mürbeteig zubereiten und mindestens 30 Minuten kühlen. **2. Die eingefettete** Tarteform mit Hebeboden (28 cm Ø) mit dem Teig auslegen und blindbacken (siehe Seite 9). Etwas abkühlen lassen, inzwischen die Füllung vorbereiten.

FÜLLUNG **3. Den Backofen** auf 230 °C vorheizen. **4. Milch** und Zimtstange in einem Topf bei mittlerer Temperatur aufkochen. Auf niedrigste Temperatur reduzieren und abgedeckt 5 Minuten köcheln lassen. **5. Die Zimtmilch** durch ein feines Sieb in einen Messbecher gießen. **6. Eigelb,** Zucker und Speisestärke in einer Schüssel verrühren. Langsam die Milch zugießen, dabei ständig mit dem Kochlöffel rühren. **7. Die Vanillecreme** in einen Topf gießen und auf niedriger Stufe unter gelegentlichem Rühren köcheln lassen, bis sie eindickt. Vom Herd nehmen, die Butter einrühren und etwas abkühlen lassen.

BELAG **8. Die Vanillecreme** auf dem vorgebackenen Boden verteilen und gleichmäßig mit den Himbeeren belegen. **9. Die Tarte** 10 Minuten backen. **10. Zimmerwarm** servieren.

Wenn Sie dieses Rezept mögen, versuchen Sie auch die Schoko-Himbeer-Tarte auf Seite 84.

Birnentarte
mit Mandeln

ERGIBT 8 **STÜCKE · ZUBEREITUNGSZEIT** 40 MINUTEN + 1 STUNDE KÜHLZEIT · **GARZEIT** 40–50 MINUTEN

BODEN

Süßer Mürbeteig (siehe Seite 8–9)

BIRNENFÜLLUNG

200 g Zucker · 180 g weiche Butter
5 Tropfen Vanillearoma · 3 Eier (Größe L)
300 g blanchierte Mandeln, fein gemahlen · 2 Esslöffel Mehl
2 mittelgroße Birnen, geschält, entkernt und halbiert · 3 Esslöffel gehobelte Mandeln
3 Esslöffel Honig

BODEN **1. Den süßen** Mürbeteig zubereiten und mindestens 30 Minuten kühlen. **2. Die eingefettete** Tarteform (28 cm Ø) mit Hebeboden mit dem Teig auslegen und blindbacken (siehe Seite 9). Etwas abkühlen lassen, inzwischen die Füllung vorbereiten.

FÜLLUNG **3. Den Backofen** auf 190 °C vorheizen. **4. Zucker,** Butter und Vanille in einer Schüssel mit einem elektrischen Handrührgerät auf hoher Stufe hell und cremig aufschlagen. Die Eier einzeln zugeben und kurz unterrühren. Mandeln und Mehl einrühren. **5. Abgedeckt** 30 Minuten in den Kühlschrank stellen. **6. Die Füllung** auf dem vorgebackenen Boden verteilen. **7. Die Birnenhälften** jeweils längs in drei Schnitze schneiden und fächerförmig in die Füllung drücken. Mit den gehobelten Mandeln bestreuen. **8. Die Tarte** 30–35 Minuten backen, bis die Füllung fest und der Rand goldbraun ist. **9. Den Honig** bei niedriger Temperatur in einem kleinen Topf erwärmen und die Tarteoberfläche damit einpinseln. **10. Lauwarm** oder zimmerwarm servieren.

Ein tolles Rezept für den Spätsommer, wenn die ersten Birnen der Saison geerntet werden.

● Wenn Sie dieses Rezept mögen, versuchen Sie auch die Birnentarte mit Marzipan auf Seite 70.

BODEN
Süßer Mürbeteig (siehe Seite 8–9)

ERDBEERMOUSSE-FÜLLUNG & BELAG
450 g Erdbeeren, geputzt • 2 Esslöffel kochendes Wasser
3 Teelöffel gemahlene Gelatine • 3 Eier (Größe L) plus 2 große Eigelb
70 g Zucker • 5 Tropfen Vanillearoma • 250 g Sahne (mit hohem Fettgehalt)

ERGIBT 8 **STÜCKE • ZUBEREITUNGSZEIT** 45 MINUTEN + 3 STUNDEN KÜHLZEIT
GARZEIT 20–35 MINUTEN

Erdbeermousse-Tarte

BODEN **1. Den süßen** Mürbeteig zubereiten und mindestens 30 Minuten kühlen. **2. Die eingefettete** Tarteform mit Hebeboden (28 cm Ø) mit dem Teig auslegen und blindbacken (siehe Seite 9). Abkühlen lassen.

FÜLLUNG **3. 375 g Erdbeeren** im Mixer pürieren. Durch ein Sieb in einen Topf streichen. Bei mittlerer Temperatur bis kurz vor den Siedepunkt erhitzen. Beiseitestellen. **4. Das kochende** Wasser in eine Tasse gießen, die Gelatine einstreuen und rühren, bis sie aufgelöst ist. **5. Eier,** Eigelb, Zucker und Vanille in einer Schüssel mit dem elektrischen Handrührgerät hell und cremig aufschlagen. **6. Langsam** das heiße Erdbeerpüree zugießen und gut verrühren. Die Mischung wieder in den Topf geben und bei niedriger Temperatur unter ständigem Rühren erhitzen, bis sie leicht eindickt. **7. Vom Herd** nehmen, die gequollene Gelatine zufügen und unterrühren. **8. Die Erdbeercreme** durch ein Sieb in eine Schüssel streichen und 30 Minuten kalt stellen. Zwischendurch gelegentlich umrühren. **9. Die Sahne** in einer Rührschüssel halb steif schlagen. Unter die abgekühlte Erdbeercreme heben, dann die Mousse auf dem vorgebackenen Boden verteilen. **10. Zum Festwerden** mindestens 2 Stunden in den Kühlschrank stellen. **11. Die restlichen** Erdbeeren in Scheiben schneiden und den Rand der Tarte damit dekorieren.

Für diese köstliche Tarte brauchen Sie Zeit und etwas Übung, aber es lohnt sich. Besonders lecker im Hochsommer, wenn es frische Erdbeeren aus der Region gibt.

• **Wenn Sie dieses Rezept mögen**, versuchen Sie auch den Apfel-Erdbeer-Pie auf Seite 96.

Apfeltarte mit Calvados

ERGIBT 8 **STÜCKE** • **ZUBEREITUNGSZEIT** 30 MINUTEN + 30 MINUTEN KÜHLZEIT • **GARZEIT** 45–55 MINUTEN

BODEN

Süßer Mürbeteig (siehe Seite 8–9)

APFELFÜLLUNG

3 mittelgroße Kochäpfel, geschält, entkernt und gewürfelt
2 Esslöffel Zucker • 1 Esslöffel Calvados • 1 Esslöffel gesalzene Butter
1/2 Teelöffel gemahlener Zimt

BELAG

2 mittelgroße Kochäpfel, geschält und entkernt • 1 Esslöffel zerlassene gesalzene Butter • 50 g Zucker
4 Esslöffel Puderzucker • 3 Esslöffel Aprikosenkonfitüre • 1 Esslöffel Calvados

BODEN **1. Den süßen** Mürbeteig zubereiten und mindestens 30 Minuten kühlen. **2. Die eingefettete** Tarteform mit Hebeboden (28 cm Ø) mit dem Teig auslegen und blindbacken (siehe Seite 9). Abkühlen lassen. FÜLLUNG **3. Die Äpfel** in einem Topf mit Zucker, Calvados, Butter und Zimt bei mittlerer bis niedriger Temperatur unter häufigem Rühren 10–15 Minuten kochen. Die Äpfel zerdrücken und bei sehr niedriger Temperatur köcheln lassen, bis die Flüssigkeit weitgehend verdampft ist. **4. Die Apfelfüllung** auf dem vorgebackenen Boden verteilen und beiseitestellen. BELAG **5. Den Backofen** wieder auf 190 °C vorheizen. **6. Die Belag-Äpfel** längs in dünne Scheiben schneiden. Fächerförmig auf die Tarte legen, dabei in der Mitte beginnen. Mit der zerlassenen Butter einpinseln und mit dem Zucker bestreuen. **7. Die Tarte** 20 Minuten backen, bis die Äpfel gar sind. **8. Den Backofengrill** auf hoher Stufe vorheizen. **9. Die Tarte** mit dem Puderzucker bestäuben und die Ränder mit Alufolie abdecken. 10 cm unterhalb der Heizschlangen in den Grill schieben und 1–2 Minuten grillen, bis die Äpfel goldbraun sind. Die Folie abnehmen. **10. Aprikosenkonfitüre** und Calvados in einem kleinen Topf erhitzen und die Tarte damit gleichmäßig bestreichen. **11. Warm** servieren.

Calvados ist ein Apfelschnaps. Er wird in Frankreichs größtem Apfel-Anbaugebiet, der Normandie, gebrannt.

• **Wenn Sie dieses Rezept mögen, versuchen Sie auch den Apple Pie auf Seite 106.**

Orangen-Ricotta-Tarte

ERGIBT 8 **STÜCKE** · **ZUBEREITUNGSZEIT** 45 MINUTEN + 1 STUNDE KÜHL- UND ABKÜHLZEIT
GARZEIT 30–40 MINUTEN

BODEN
Süßer Mürbeteig (siehe Seite 8–9)

ORANGENFÜLLUNG
2 Eier (Größe L) plus 1 großes Eigelb • 375 g Ricotta • 100 g Puderzucker
2 Teelöffel fein abgeriebene Orangenschale • 1½ Esslöffel Orangenlikör
250 g Sahne (mit hohem Fettgehalt)

Ein wunderbares Rezept für die Orangensaison im Winter. Kaufen Sie unbedingt Orangen, deren Schale nicht mit Wachs oder Chemikalien behandelt wurde.

BODEN **1. Den süßen** Mürbeteig zubereiten und mindestens 30 Minuten kühlen. **2. Die eingefettete** Tarteform mit Hebeboden (28 cm Ø) mit dem Teig auslegen und blindbacken (siehe Seite 9). Etwas abkühlen lassen, inzwischen die Füllung vorbereiten.

FÜLLUNG **3. Den Backofen** auf 190 °C vorheizen. **4. Eier,** Eigelb, Ricotta, Puderzucker, Orangenschale und Orangenlikör in einer Schüssel gut verrühren. **5. 180 g Sahne** in einer Rührschüssel mit dem elektrischen Handrührgerät auf hoher Stufe halb steif schlagen. **6. Die Sahne** unter die Ricottamischung heben. **7. Auf** dem vorgebackenen Boden verteilen. **8. Die Tarte** 20–25 Minuten goldbraun backen. **9. Auf Zimmertemperatur** abkühlen lassen. **10. Die restliche** Sahne steif schlagen, in einen Spritzbeutel füllen und die Oberfläche der Tarte dekorieren. **11. Sofort** servieren.

• **Wenn Sie dieses Rezept mögen**, versuchen Sie auch die Zitrustarte mit Baiserhaube auf Seite 32.

BODEN
Süßer Mürbeteig (siehe Seite 8–9)

CREMEFÜLLUNG & BELAG
150 g Frischkäse, zimmerwarm • 75 g Puderzucker
2 Esslöffel Sahne (mit hohem Fettgehalt) • 1 Teelöffel fein abgeriebene Zitronenschale • 1 Esslöffel frisch gepresster Zitronensaft
4 Erdbeeren, in Scheiben • 3–4 Kiwis, geschält und in Scheiben • 200 g Brombeeren
200 g Himbeeren • 100 g Heidelbeeren • 100 g Apfelgelee

ERGIBT 8 **STÜCKE • ZUBEREITUNGSZEIT** 45 MINUTEN + 1 STUNDE KÜHLZEIT • **GARZEIT** 10–15 MINUTEN

Tarte mit **bunten Früchten**

BODEN **1. Den süßen** Mürbeteig zubereiten und mindestens 30 Minuten kühlen. **2. Die eingefettete** Tarteform mit Hebeboden (28 cm Ø) mit dem Teig auslegen und blindbacken (siehe Seite 9). Etwas abkühlen lassen, inzwischen die Füllung vorbereiten.

FÜLLUNG **3. Frischkäse,** Puderzucker, Sahne, Zitronenschale und -saft kräftig aufschlagen. **4. Gleichmäßig** auf dem abgekühlten, vorgebackenen Boden verteilen. **5. Eine Reihe** Erdbeeren so auf dem Boden anordnen, dass die Spitzen über den Rand hinausstehen. Die Kiwischeiben etwas überlappend auf die Erdbeeren legen. Dann folgen je ein Ring aufrecht stehender Brombeeren und Himbeeren. Die Mitte mit Heidelbeeren ausfüllen. Die Cremefüllung soll ganz bedeckt sein. **6. Das Apfelgelee** erhitzen, bis es flüssig ist, und auf die Früchte pinseln. **7. Vor dem** Servieren mindestens 30 Minuten in den Kühlschrank stellen.

Diese dekorative frische Tarte ist etwas für besondere Anlässe. Sie können den Obstbelag je nach Saison variieren.

Wenn Sie dieses Rezept mögen, versuchen Sie auch die Himbeertarte mit Vanillecreme auf Seite 16.

Mandelcremetarte

BODEN

150 g weiche gesalzene Butter, plus etwas Butter zum Einfetten • 75 g Puderzucker • 2 große Eigelb • 200 g Mehl, plus etwas Mehl zum Bestäuben • 50 g fein gemahlene Mandeln • 3–4 Teelöffel Eiswasser

MANDELCREMEFÜLLUNG

600 ml Milch • 1 Vanillestange, längs aufgeschnitten • 5 große Eigelb • 100 g Zucker • 50 g Mehl • 50 g gemahlene Mandeln • 150 g Brombeerkonfitüre • 50 g gehobelte Mandeln

ERGIBT 8 **STÜCKE** • **ZUBEREITUNGSZEIT** 30 MINUTEN + 90 MINUTEN KÜHLZEIT

GARZEIT 35–40 MINUTEN

BODEN **1. Butter** und Puderzucker mit einem elektrischen Handrührgerät auf hoher Stufe hell und cremig rühren. Die Eigelbe einzeln unterrühren. Mehl und gemahlene Mandeln zugeben und gerade so viel Wasser zufügen, dass der Teig zusammenhält. **2. Zur Kugel** formen, in Frischhaltefolie wickeln und 1 Stunde kühlen. **3. Den Teig** auf einer leicht bemehlten Arbeitsfläche 5 mm dick ausrollen. **4. Eine eingefettete** Tarteform mit Hebeboden (28 cm Ø) mit dem Teig auslegen und die Ränder abschneiden. 30 Minuten kühlen. **5. Den Backofen** auf 180 °C vorheizen. **6. Alufolie** oder Backpapier auf den Teig legen und mit Backerbsen auffüllen. **7. Den Boden** 10 Minuten backen. Folie und Backerbsen entfernen und weitere 5–10 Minuten goldbraun backen.

FÜLLUNG **8. Die Ofentemperatur** nicht verändern. **9. Milch** und Vanillestange in einem Topf bei mittlerer Temperatur aufkochen. Beiseitestellen. **10. Eigelb** und Zucker in einer Rührschüssel mit dem elektrischen Handrührgerät auf hoher Stufe hell und cremig rühren. Mehl und gemahlene Mandeln einarbeiten. **11. Langsam** unter ständigem Rühren die Milch zugeben. Bei niedriger Temperatur erhitzen und unter ständigem Rühren köcheln lassen, bis die Creme eindickt. Die Vanillestange herausnehmen. **12. Den Boden** mit der Brombeerkonfitüre bestreichen und die Creme gleichmäßig darauf verteilen. Mit den gehobelten Mandeln bestreuen. **13. Die Tarte** 20 Minuten backen, bis sie goldbraun ist. **14. Lauwarm** oder zimmerwarm servieren.

Diese warme Tarte ist ein Genuss an kalten Wintertagen. Mit Pflaumenmus statt Brombeerkonfitüre schmeckt sie ebenso gut.

• **Wenn Sie dieses Rezept mögen**, versuchen Sie auch die Marzipantarte auf Seite 40.

Tarte mit **Pinienkernen**

BODEN
Süßer Mürbeteig (siehe Seite 8–9)

PINIENKERNFÜLLUNG
180 g heller Zuckerrübensirup • 1¼ Esslöffel frisch gepresster Zitronensaft
180 g weiche gesalzene Butter • 150 g Rohrzucker • 5 Tropfen Vanillearoma
1 Teelöffel fein abgeriebene Zitronenschale • 4 Eier (Größe L)
350 g Pinienkerne, goldbraun geröstet

ERGIBT 8 **STÜCKE** • **ZUBEREITUNGSZEIT** 30 MINUTEN + 30 MINUTEN KÜHLZEIT • **GARZEIT** 45–55 MINUTEN

BODEN **1. Den süßen** Mürbeteig zubereiten und mindestens 30 Minuten kühlen. **2. Die eingefettete** Tarteform mit Hebeboden (28 cm Ø) mit dem Teig auslegen und blindbacken (siehe Seite 9). Etwas abkühlen lassen, inzwischen die Füllung vorbereiten.

FÜLLUNG **3. Den Backofen** auf 180 °C vorheizen. **4. Sirup** und Zitronensaft in einem kleinen Topf bei niedriger Temperatur erhitzen, bis der Sirup flüssig ist. **5. Butter,** Rohrzucker, Vanille und Zitronenschale in einer Rührschüssel mit einem elektrischen Handrührgerät auf mittlerer bis hoher Stufe hell und cremig aufschlagen. Die Eier einzeln zugeben und jedes kurz unterrühren. Die Pinienkerne mit einem Kochlöffel einrühren. **6. Die Füllung** auf dem vorgebackenen Boden verteilen und die Tarte 35–40 Minuten backen, bis sie goldbraun ist. **7. Lauwarm** oder zimmerwarm servieren.

Pinienkerne sind reich an ungesättigten Fettsäuren, wichtigen Mineralstoffen und Vitaminen. Wer hätte gedacht, dass gesundes Essen so gut schmecken kann?

• **Wenn Sie dieses Rezept mögen, versuchen Sie auch die Brombeertarte mit Haselnuss-Streuseln auf Seite 44.**

BODEN

Süßer Mürbeteig (siehe Seite 8–9),
1 Teelöffel fein abgeriebene Zitronenschale

PUDDINGFÜLLUNG

3 Eier (Größe L) plus 2 große Eigelb • 3 Esslöffel Feinstzucker • 500 g Sahne
375 ml Milch • 1 Teelöffel frisch geriebene Muskatnuss

ERGIBT 8 **STÜCKE** • **ZUBEREITUNGSZEIT** 30 MINUTEN + 2 STUNDEN KÜHL- UND ABKÜHLZEIT
GARZEIT 55–65 MINUTEN

Puddingtarte mit Muskatnuss

BODEN **1. Bei der** Zubereitung des süßen Mürbeteigs die Zitronenschale zugeben. Den Teig mindestens 30 Minuten in den Kühlschrank stellen. **2. Die eingefettete** Tarteform mit Hebeboden (28 cm Ø) mit dem Teig auslegen und blindbacken (siehe Seite 9). Etwas abkühlen lassen, inzwischen die Füllung vorbereiten.

FÜLLUNG **3. Den Backofen** auf 180 °C vorheizen. **4. Eier,** Eigelb, Zucker, Sahne und Milch in einer Schüssel verrühren. Die Mischung auf dem vorgebackenen Boden verteilen. **5. Die Tarte** 45–50 Minuten backen, bis die Füllung gerade fest ist. Aus dem Ofen nehmen und die Oberfläche mit Muskatnuss bestreuen. **6. Auf Zimmertemperatur** abkühlen lassen. Vor dem Servieren etwa 1 Stunde in den Kühlschrank stellen.

Dieser Kuchen ist ein echter Seelentröster. Er schmeckt solo oder mit klein geschnittenen frischen Früchten.

Wenn Sie dieses Rezept mögen, versuchen Sie auch die Mandelcremetarte auf Seite 28.

Kokos-Mango-Tarte

BODEN

Süßer Mürbeteig (siehe Seite 8–9)

KOKOS-MANGO-FÜLLUNG

4 Eier (Größe L) • 300 g Feinstzucker • 250 g Mascarpone
180 ml Kokosmilch • 300 g Kokosraspel
2 Mangos, frisch, TK-Ware oder aus der Dose, in Spalten

ERGIBT 8 **STÜCKE** • **ZUBEREITUNGSZEIT** 30 MINUTEN + 90 MINUTEN KÜHLZEIT
GARZEIT 50–55 MINUTEN

BODEN **1. Den süßen** Mürbeteig zubereiten und mindestens 30 Minuten kühlen. **2. Die eingefettete** Tarteform mit Heheboden (28 cm Ø) mit dem Teig auslegen und blindbacken (siehe Seite 9). Etwas abkühlen lassen, inzwischen die Füllung vorbereiten.
FÜLLUNG **3. Den Backofen** auf 180 °C vorheizen. **4. Eier** und Zucker mit einem elektrischen Handrührgerät auf mittlerer bis hoher Stufe hell und schaumig aufschlagen. Mascarpone, Kokosmilch und Kokosraspel mit einem Kochlöffel sorgfältig unterrühren. **5. Die Füllung** auf dem vorgebackenen Boden verteilen. Die Mangoscheiben strahlenförmig darauf anordnen. **6. Die Tarte** 40 Minuten goldbraun backen. **7. Abkühlen** und vor dem Servieren 1 Stunde ruhen lassen.

Mangos schmecken nicht nur herrlich, sie sind auch reich an wertvollem Carotin und Vitamin C.

Wenn Sie dieses Rezept mögen, versuchen Sie auch den Himbeer-Kokos-Pie auf Seite 108.

Marzipantarte

BODEN
Süßer Mürbeteig (siehe Seite 8–9)

MARZIPANFÜLLUNG
200 g Feinstzucker • 180 g weiche Butter • 75 g Mehl
225 g gemahlene Mandeln • 4 Eier (Größe L) • 5 Tropfen Bittermandelaroma
150 g Erdbeerkonfitüre • 50 g gehobelte Mandeln

ERGIBT 8 **STÜCKE • ZUBEREITUNGSZEIT** 30 MINUTEN + 1 STUNDE KÜHL- UND ABKÜHLZEIT
GARZEIT 45–55 MINUTEN

Man sagt, diese Tarte sei um 1860 in dem englischen Dorf Bakewell in der Grafschaft Derbyshire erfunden worden. In England heißt sie deshalb Bakewell Tart.

BODEN **1. Den süßen** Mürbeteig zubereiten und mindestens 30 Minuten kühlen. **2. Die eingefettete** Tarteform mit Hebeboden (28 cm Ø) mit dem Teig auslegen und blindbacken (siehe Seite 9). Etwas abkühlen lassen, inzwischen die Füllung vorbereiten.

FÜLLUNG **3. Den Backofen** auf 170 °C vorheizen. **4. Zucker,** Butter, Mehl, gemahlene Mandeln, Eier und Bittermandelaroma in einer Küchenmaschine etwa 2 Minuten zu einer glatten Marzipanmasse verarbeiten. **5. Die Erdbeerkonfitüre** auf den vorgebackenen Boden streichen und die Marzipanmasse darauf verteilen. Die Oberfläche mit einem Teigschaber oder Löffel glatt streichen. **6. Die Tarte** 30 Minuten backen. Aus dem Ofen nehmen, mit den gehobelten Mandeln bestreuen und weitere 5–10 Minuten backen, bis die Tarte goldbraun ist. **7. Auf Zimmertemperatur** abkühlen lassen.

• **Wenn Sie dieses Rezept mögen, versuchen Sie auch die Mandelcremetarte auf Seite 28.**

Apfeltarte mit Pekannüssen

BODEN
Süßer Mürbeteig (siehe Seite 8–9)

APFEL-PEKANNUSS-FÜLLUNG
60 ml Calvados • 6 Esslöffel Rohrzucker
1/2 Vanillestange, längs aufgeschnitten und Mark herausgekratzt
1/2 Teelöffel gemahlener Zimt • 6 säuerliche Äpfel, z.B. Granny Smith, geschält, entkernt und geviertelt • 120 g Pekannusskerne • steif geschlagene Sahne, zum Servieren

ERGIBT 8 **STÜCKE** • **ZUBEREITUNGSZEIT** 45 MINUTEN + 30 MINUTEN KÜHLZEIT • **GARZEIT** 45–65 MINUTEN

Die Tarte schmeckt auch mit Vanilleeiscreme großartig.

BODEN **1. Den süßen** Mürbeteig zubereiten und mindestens 30 Minuten kühlen. **2. Die eingefettete** Tarteform mit Heboboden (28 cm Ø) mit dem Teig auslegen und blindbacken (siehe Seite 9). Etwas abkühlen lassen, inzwischen die Füllung vorbereiten.

FÜLLUNG **3. Den Backofen** auf 180 °C vorheizen. **4. Calvados,** Zucker, Vanillestange, Vanillemark und Zimt in einem großen Topf bei niedriger bis mittlerer Temperatur erhitzen, bis der Zucker aufgelöst ist. **5. Die Äpfel** zugeben und unter häufigem Rühren 5–10 Minuten köcheln lassen, bis sie weich werden. Die Pekannüsse einrühren. **6. Die Apfelviertel** dekorativ auf dem vorgebackenen Boden verteilen. Die Vanillestange aus dem Sirup nehmen, dann den Sirup über die Äpfel gießen. **7. Die Tarte** 30–40 Minuten backen, bis die Äpfel hellbraun und weich sind. **8. Warm** oder zimmerwarm mit Sahne servieren.

• Wenn Sie dieses Rezept mögen, versuchen Sie auch den Apfel-Heidelbeer-Pie auf Seite 110.

BODEN

Süßer Mürbeteig (siehe Seite 8–9)

BROMBEERFÜLLUNG

1 kg Brombeeren • 75 g Zucker • 3 Esslöffel gemahlene Haselnüsse
2 Teelöffel fein abgeriebene Orangenschale

STREUSEL

150 g Mehl • 100 g brauner Zucker • 2 Teelöffel gemahlener Zimt • 125 g gesalzene Butter, in Würfeln
150 g Haselnüsse, grob gehackt • steif geschlagene Sahne oder Eiscreme, zum Servieren

ERGIBT 8 **STÜCKE** • **ZUBEREITUNGSZEIT** 30 MINUTEN + 30 MINUTEN KÜHLZEIT • **GARZEIT** 40–50 MINUTEN

Brombeertarte mit Haselnuss-Streuseln

BODEN **1. Den süßen** Mürbeteig zubereiten und mindestens 30 Minuten kühlen. **2. Die eingefettete** Tarteform mit Hebeboden (28 cm Ø) mit dem Teig auslegen und blindbacken (siehe Seite 9). Etwas abkühlen lassen, inzwischen die Füllung vorbereiten.

FÜLLUNG **3. Den Backofen** auf 180 °C vorheizen. **4. Brombeeren,** Zucker, Haselnüsse und Orangenschale in einer Schüssel mischen. Auf dem vorgebackenen Boden verteilen.

STREUSEL **5. Mehl,** Zucker und Zimt in einer Schüssel mischen. Die Butter mit den Fingern hineinreiben, bis eine bröselige Masse entsteht. Die Haselnüsse zugeben und unterkneten. Die Streusel gleichmäßig auf der Füllung verteilen. **6. Die Tarte** 30–35 Minuten backen, bis die Streusel knusprig und goldbraun sind. **7. Heiß** oder warm mit steif geschlagener Sahne servieren.

Die leckere Tarte ist der perfekte Abschluss für ein zwangloses Essen mit der Familie oder guten Freunden.

● Wenn Sie dieses Rezept mögen, versuchen Sie auch den Rote-Grütze-Pie auf Seite 88.

Ricotta-Pflaumen-Tarte

ERGIBT 8 **STÜCKE** · **ZUBEREITUNGSZEIT** 30 MINUTEN + 30 MINUTEN KÜHLZEIT · **GARZEIT** 40–55 MINUTEN

BODEN

Süßer Mürbeteig (siehe Seite 8–9)

RICOTTAFÜLLUNG

250 g Mascarpone · 300 g frischer Ricotta, abgetropft · 150 g Zucker
125 g Honig · 2–3 Tropfen Vanillearoma · 3 Eier (Größe L) plus 1 großes Eigelb
2 Esslöffel Mehl · 15 reife Pflaumen, entsteint und geviertelt
4 Esslöffel Aprikosenkonfitüre

BODEN **1. Den süßen** Mürbeteig zubereiten und mindestens 30 Minuten kühlen. **2. Die eingefettete** Tarteform mit Heboboden (28 cm Ø) mit dem Teig auslegen und blindbacken (siehe Seite 9). Etwas abkühlen lassen, inzwischen die Füllung vorbereiten. FÜLLUNG **3. Den Backofen** auf 170°C vorheizen. **4. Mascarpone,** Ricotta, Zucker, Honig und Vanille in einer Schüssel mit einem elektrischen Handrührgerät auf mittlerer Stufe glattrühren. Eier, Eigelb und Mehl sorgfältig unterrühren. **5. Auf den** vorgebackenen Boden geben und die geviertelten Pflaumen gleichmäßig darauf verteilen. **6. Die Tarte** 30–40 Minuten backen, bis die Füllung goldgelb und noch etwas weich ist. **7. Die Aprikosenkonfitüre** in einem kleinen Topf bei niedriger Temperatur erhitzen. **8. Die Tarte** damit einpinseln und lauwarm servieren.

Am besten schmeckt die Tarte mit roten, etwas herben Pflaumen. Die Säure bildet einen tollen Kontrast zur sahnigsüßen Cremefüllung.

• **Wenn Sie dieses Rezept mögen, versuchen Sie auch die Orangen-Ricotta-Tarte auf Seite 24.**

Knusprige Pflaumentarte
mit Amaretti

BODEN
Süßer Mürbeteig (siehe Seite 8–9)

PFLAUMENFÜLLUNG
3 Esslöffel gemahlene Mandeln • 2 Esslöffel brauner Zucker
2 Teelöffel fein abgeriebene Orangenschale • 180 g Mascarpone
12–15 Pflaumen, geschält, entsteint und halbiert

AMARETTIBELAG
125 g weiche gesalzene Butter • 6 Esslöffel Rohrzucker • 200 g Amaretti, zerkrümelt
100 g gehobelte Mandeln • 6 Esslöffel Kokosraspel • 2 Teelöffel gemahlener Zimt

ERGIBT 8 **STÜCKE** · **ZUBEREITUNGSZEIT** 40 MINUTEN + 30 MINUTEN KÜHLZEIT · **GARZEIT** 45–55 MINUTEN

BODEN 1. **Den süßen** Mürbeteig zubereiten und mindestens 30 Minuten kühlen. 2. **Die eingefettete** Tarteform mit Hebeboden (28 cm Ø) mit dem Teig auslegen und blindbacken (siehe Seite 9). Etwas abkühlen lassen, inzwischen die Füllung vorbereiten.

FÜLLUNG 3. **Den Backofen** wieder auf 190 °C vorheizen. 4. **Mandeln,** Zucker, Orangenschale und Mascarpone in einer Schüssel mit einem Holzlöffel verrühren. Die Pflaumenhälften unterrühren. 5. **Die Mischung** auf dem vorgebackenen Boden verteilen.

BELAG 6. **Alle Zutaten** für den Belag in einer Schüssel mit den Fingern zu einer bröseligen Masse vermischen. 7. **Den Belag** auf der Tarte verteilen. 8. **Die Tarte** 35–40 Minuten backen, bis der Belag goldbraun ist. 9. **Lauwarm** oder auf Zimmertemperatur abgekühlt servieren.

Am besten schmeckt dieser fruchtige Kuchen warm mit Vanillesauce oder einer Kugel Vanilleeiscreme.

• **Wenn Sie dieses Rezept mögen,** versuchen Sie auch die Brombeertarte mit Haselnuss-Streuseln auf Seite 44.

BODEN

Süßer Mürbeteig (siehe Seite 8–9)

MARACUJAFÜLLUNG

350 g Feinstzucker • 300 ml Maracujafruchtfleisch, passiert • 1 Esslöffel frisch gepresster Orangensaft • 1 Teelöffel fein abgeriebene Orangenschale • 7 große Eigelb • 300 g Butter, in Würfeln

ERGIBT 8 **STÜCKE** • **ZUBEREITUNGSZEIT** 30 MINUTEN + 90 MINUTEN KÜHLZEIT

GARZEIT 15–20 MINUTEN

Maracujatarte

BODEN **1. Den süßen** Mürbeteig zubereiten und mindestens 30 Minuten kühlen. **2. Die eingefettete** Tarteform mit Hebeboden (28 cm Ø) mit dem Teig auslegen und blindbacken (siehe Seite 9). Etwas abkühlen lassen, inzwischen die Füllung vorbereiten.

FÜLLUNG **3. Zucker,** Maracujapüree, Orangensaft und -schale in einem kleinen Topf bei mittlerer Temperatur unter ständigem Rühren erhitzen, bis der Zucker aufgelöst ist. **4. Das Eigelb** in einer hitzebeständigen Schüssel aufschlagen. Langsam das heiße Fruchtpüree unterrühren. Durch ein feines Sieb in eine andere Schüssel passieren. Wieder in die hitzebeständige Schüssel geben und auf einen Topf mit schwach köchelndem Wasser stellen. Unter ständigem Rühren erhitzen, bis die Mischung so stark eindickt, dass sie an der Rückseite eines Holzkochlöffels haftet. Nicht kochen lassen! **5. Vom Herd** nehmen und die Butterwürfel einzeln einrühren, bis sie geschmolzen sind. **6. Die Maracujacreme** auf dem vorgebackenen Boden verteilen und mit einem Teigschaber oder einem Löffel glatt streichen. **7. Vor dem** Servieren mindestens 1 Stunde kühlen.

Diese exotische Tarte wird vor dem Servieren gekühlt – aber bitte nicht länger als 3–4 Stunden, sonst weicht der Boden durch.

• **Wenn Sie dieses Rezept mögen, versuchen Sie auch die Zitronentarte auf Seite 12!**

Mokkatarte

BODEN

Schokoladen-Mürbeteig (siehe Seite 8–9)

MOKKAFÜLLUNG

400 g Bitterschokolade, grob gehackt
375 g Sahne (mit hohem Fettgehalt) • 60 ml Kaffeelikör
1 Esslöffel Instant-Kaffee

BELAG

250 g Sahne (mit hohem Fettgehalt) • 90 g Mascarpone
3 Esslöffel Puderzucker • Kakaopulver, zum Bestäuben

ERGIBT 8 **STÜCKE • ZUBEREITUNGSZEIT** 40 MINUTEN + 90 MINUTEN KÜHLZEIT • **GARZEIT** 15–20 MINUTEN

BODEN **1. Den Schokoladen**-Mürbeteig zubereiten und mindestens 30 Minuten kühlen. **2. Die eingefettete** Tarteform mit Hebeboden (28 cm Ø) mit dem Teig auslegen und blindbacken (siehe Seite 9). Etwas abkühlen lassen, inzwischen die Füllung vorbereiten.

FÜLLUNG **3. Schokolade,** Sahne, Kaffeelikör und Instant-Kaffee in einer hitzebeständigen Schüssel über einem Topf mit schwach köchelndem Wasser schmelzen. Zwischendurch glatt rühren. **4. Die Füllung** auf dem vorgebackenen Boden verteilen. Etwa 1 Stunde in den Kühlschrank stellen, bis die Füllung fest ist.

BELAG **5. Sahne,** Mascarpone und Puderzucker mit einem elektrischen Handrührgerät bei mittlerer Geschwindigkeit halb steif aufschlagen. **6. Die Creme** auf der Tarte verteilen und mit Kakaopulver bestäuben. **7. Sofort** servieren.

Servieren Sie diese üppige Tarte als Dessert – natürlich zu einem starken Espresso.

• **Wenn Sie dieses Rezept mögen,** versuchen Sie auch den Mokkatraum **auf Seite 82.**

BODEN

Süßer Mürbeteig (siehe Seite 8–9)

KIRSCHFÜLLUNG

350 g saure Sahne • 125 g Frischkäse, zimmerwarm
1 Teelöffel fein abgeriebene Zitronenschale • 3 große Eigelb
100 g brauner Zucker • 3/4 Teelöffel gemahlener Zimt • 1 1/2 Esslöffel Kirschlikör
750 g entsteinte Sauerkirschen aus dem Glas, abgetropft

ERGIBT 8 **STÜCKE** • **ZUBEREITUNGSZEIT** 30 MINUTEN + 30 MINUTEN KÜHLZEIT • **GARZEIT** 50–55 MINUTEN

Kirschtarte

BODEN **1. Den süßen** Mürbeteig zubereiten und mindestens 30 Minuten kühlen. **2. Die eingefettete** Tarteform mit Hebeboden (28 cm Ø) mit dem Teig auslegen und blindbacken (siehe Seite 9). Etwas abkühlen lassen, inzwischen die Füllung vorbereiten.

FÜLLUNG **3. Den Backofen** wieder auf 190 °C vorheizen. **4. Saure Sahne,** Frischkäse, Zitronenschale, Eigelb, braunen Zucker, Zimt und Likör in einer Schüssel cremig rühren. **5. Die Mischung** auf dem vorgebackenen Boden verteilen und mit den Kirschen gleichmäßig belegen. **6. Die Tarte** 40 Minuten backen, bis die Creme goldgelb und fest ist. **7. Auf Zimmertemperatur** abgekühlt servieren.

Sauerkirschen haben einen säuerlich-herben Geschmack. Frisch werden sie nicht oft angeboten, aber man bekommt sie rund ums Jahr als Konservenware oder tiefgefroren.

• **Wenn Sie dieses Rezept mögen, versuchen Sie auch den Kirsch-Pie auf Seite 116.**

Tarte mit **Crème brûlée**

ERGIBT 8 **STÜCKE · ZUBEREITUNGSZEIT** 50 MINUTEN + 2 STUNDEN KÜHL- UND ABKÜHLZEIT
GARZEIT 50–60 MINUTEN

BODEN

Süßer Mürbeteig (siehe Seite 8–9)

CREMEFÜLLUNG

7 große Eigelb • 150 g plus 5 Esslöffel Feinstzucker
450 g Sahne (mit hohem Fettgehalt) • 180 ml Milch
1 Vanillestange, längs aufgeschnitten, Mark herausgekratzt

BODEN **1. Den süßen** Mürbeteig zubereiten und mindestens 30 Minuten kühlen. **2. Die eingefettete** Tarteform mit Heboboden (28 cm Ø) mit dem Teig auslegen und blindbacken (siehe Seite 9). Etwas abkühlen lassen, inzwischen die Füllung vorbereiten.

FÜLLUNG **3. Den Backofen** auf 170 °C vorheizen. **4. Eigelb** und 150 g Zucker in einer Schüssel hell und cremig aufschlagen. **5. Sahne,** Milch, Vanillestange und -mark in einem kleinen Topf bei mittlerer bis hoher Temperatur zum Kochen bringen. **6. Langsam** die heiße Sahnemischung zum Eigelb gießen, dabei ständig rühren. Die Creme durch ein feines Sieb in eine Schüssel streichen und die Vanillestange entfernen. **7. Die Creme** auf dem vorgebackenen Boden verteilen. **8. Die Tarte** 35–40 Minuten backen, bis die Creme fest ist. **9. In der Form** auf Zimmertemperatur abkühlen lassen. Dann 1 Stunde in den Kühlschrank stellen. **10. Den Backofengrill** vorheizen. **11. Die Tarte** mit den restlichen 5 Esslöffeln Zucker bestreuen. Den Teigrand mit Alufolie abdecken, damit er nicht verbrennt. **12. Die Tarte** auf die höchste Schiene unter den Grill schieben und 1–2 Minuten überbacken, bis der Zucker goldbraun karamellisiert. **13. Sofort** servieren.

Das Karamellaroma wird noch intensiver, wenn Sie zum Bestreuen braunen Zucker verwenden.

• **Wenn Sie dieses Rezept mögen, versuchen Sie auch die Puddingtarte mit Muskatnuss auf Seite 36.**

Tiramisu-Tarte

ERGIBT 8 **STÜCKE** · **ZUBEREITUNGSZEIT** 30 MINUTEN + 2 STUNDEN, 30 MINUTEN KÜHLZEIT
GARZEIT 10–15 MINUTEN

BODEN
Süßer Mürbeteig (siehe Seite 8–9)

MASCARPONE-FÜLLUNG
500 g Mascarpone · 180 g Sahne (mit hohem Fettgehalt)
150 g Feinstzucker · 180 ml starker Espresso
90 ml Amaretto · 12–16 Löffelbiskuits · 90 g Bitterschokolade, fein gerieben
Kakaopulver, zum Bestäuben

Für diese leckere Variante des beliebten Klassikers sollten Sie möglichst eine Tarteform mit höherem Rand verwenden.

BODEN **1. Den süßen** Mürbeteig zubereiten und mindestens 30 Minuten kühlen. **2. Die eingefettete** Tarteform mit Hebeboden (28 cm Ø, siehe Tipp rechts) mit dem Teig auslegen und blindbacken (siehe Seite 9). Etwas abkühlen lassen, inzwischen die Füllung vorbereiten.

FÜLLUNG **3. Mascarpone,** Sahne und Zucker in einer Schüssel mit dem elektrischen Handrührgerät steif schlagen. **4. Ein Drittel** der Creme auf dem vorgebackenen Boden verteilen. **5. Espresso** und Amaretto in einer kleinen Schüssel mischen. Die Löffelbiskuits einige Sekunden eintauchen, dann auf die Creme legen. Die restliche Creme daraufstreichen und mit einem Teigschaber oder Löffel glatt streichen. **6. Die Tarte** 2 Stunden in den Kühlschrank stellen. **7. Kurz vor** dem Servieren mit Kakaopulver bestreuen.

- **Wenn Sie dieses Rezept mögen, versuchen Sie auch die Schokomousse-Tarte auf Seite 74.**

BODEN

Süßer Mürbeteig (siehe Seite 8–9)

LIMETTENFÜLLUNG

180 ml frisch gepresster Limettensaft • 1 Esslöffel gemahlene Gelatine
4 große Eigelb • 400-g-Dose gezuckerte Kondensmilch
1 Esslöffel fein abgeriebene Limettenschale • 250 g Sahne (mit hohem Fettgehalt)

ERGIBT 8 **STÜCKE • ZUBEREITUNGSZEIT** 30 MINUTEN + 3 STUNDEN, 30 MINUTEN KÜHLZEIT
GARZEIT 20–25 MINUTEN

Limetten-Baiser-Tarte

BODEN **1. Den süßen** Mürbeteig zubereiten und mindestens 30 Minuten kühlen. **2. Die eingefettete** Tarteform mit Hebeboden (28 cm Ø) mit dem Teig auslegen und blindbacken (siehe Seite 9). Etwas abkühlen lassen, inzwischen die Füllung vorbereiten.

FÜLLUNG **3. Den Limettensaft** in einen kleinen Topf geben und die Gelatine hineinstreuen. 5 Minuten quellen lassen. **4. Das Eigelb** in einer Schüssel mit dem elektrischen Handrührgerät auf hoher Stufe dick und cremig aufschlagen. **5. Den Limettensaft** mit der Gelatine bei niedriger Temperatur unter ständigem Rühren erwärmen, bis die Gelatine aufgelöst ist. **6. Kondensmilch,** Limettensaftmischung und 1 Teelöffel Limettenschale zum Eigelb geben und gut verrühren. **7. Die Füllung** auf dem vorgebackenen Boden verteilen. **8. Zum Festwerden** etwa 3 Stunden in den Kühlschrank stellen. **9. Die Sahne** in einer Schüssel halb steif schlagen. Auf der Füllung verteilen und mit der restlichen Limettenschale bestreuen. **10. Sofort** servieren.

Wer es nicht so üppig mag,
lässt die Sahne einfach weg.

Wenn Sie dieses Rezept mögen, versuchen Sie auch die Zitronentarte auf Seite 12.

Stachelbeertarte

BODEN
Süßer Mürbeteig (siehe Seite 8–9)

STACHELBEERFÜLLUNG
4 Eier (Größe L) • 150 g Zucker • 5 Tropfen Vanillearoma
250 g Sahne (mit hohem Fettgehalt) • 3 Esslöffel saure Sahne oder Crème fraîche
750 g Stachelbeeren (oder Himbeeren) • gesiebter Puderzucker, zum Bestäuben

ERGIBT 8 **STÜCKE • ZUBEREITUNGSZEIT** 40 MINUTEN + 30 MINUTEN KÜHLZEIT
GARZEIT 35–50 MINUTEN

BODEN **1. Den süßen** Mürbeteig zubereiten und mindestens 30 Minuten kühlen. **2. Die eingefettete** Tarteform mit Hebeboden (28 cm Ø) mit dem Teig auslegen und blindbacken (siehe Seite 9). Etwas abkühlen lassen, inzwischen die Füllung vorbereiten.
FÜLLUNG **3. Den Backofen** auf 180 °C vorheizen. **4. Eier,** Zucker, Vanille, Sahne und saure Sahne in einer Schüssel verrühren. **5. Die Stachelbeeren** auf dem vorgebackenen Boden verteilen und mit der Ei-Sahne-Mischung übergießen. **6. Die Tarte** 25–35 Minuten backen, bis die Masse in der Mitte gerade fest ist. **7. Mit Puderzucker** bestäuben und heiß oder lauwarm servieren.

Stachelbeeren sind ein köstlicher Belag für Tartes. Die kleinen, frühen Sorten haben das beste Aroma.

• **Wenn Sie dieses Rezept mögen,** versuchen Sie auch den Riemchen-Rhabarber auf Seite 112.

BODEN

Süßer Mürbeteig (siehe Seite 8–9)

KARAMELLFÜLLUNG

400-g-Dose gezuckerte Kondensmilch • 70 g brauner Zucker

3 große Bananen • 250 g Sahne (mit hohem Fettgehalt) • 2 Esslöffel Puderzucker

ERGIBT 8 **STÜCKE • ZUBEREITUNGSZEIT** 30 MINUTEN + 90 MINUTEN KÜHLZEIT

GARZEIT 30–40 MINUTEN

Banoffee-Tarte

Banoffee ist ein Kunstwort, das sich aus Banane und Toffee zusammensetzt. Das Rezept stammt aus England.

BODEN **1. Den süßen** Mürbeteig zubereiten und mindestens 30 Minuten kühlen. **2. Die eingefettete** Tarteform mit Heboboden (28 cm Ø) mit dem Teig auslegen und blindbacken (siehe Seite 9). Etwas abkühlen lassen, inzwischen die Füllung vorbereiten.

FÜLLUNG **3. Kondensmilch** und braunen Zucker in einem kleinen Topf bei niedriger bis mittlerer Temperatur unter ständigem Rühren 20 Minuten köcheln lassen, bis die Mischung eindickt. Vom Herd nehmen und etwas abkühlen lassen, dann 1 Stunde in den Kühlschrank stellen. **4. Die gekühlte** Karamellsauce auf dem vorgebackenen Boden verteilen. **5. Die Bananen** schälen und in Scheiben schneiden. Die Tarte damit belegen. **6. Die Sahne** mit dem Puderzucker steif schlagen und in der Mitte der Tarte verteilen, sodass nur die Hälfte der Bananen bedeckt ist. **7. Sofort** servieren.

• **Wenn Sie dieses Rezept mögen, versuchen Sie auch die Tarte mit bunten Früchten auf Seite 26.**

Limettentarte
mit weißer Schokolade

BODEN

Schokoladen-Mürbeteig (siehe Seite 8–9)

WEISSE SCHOKOLADENFÜLLUNG

600 g Sahne (mit hohem Fettgehalt) • 350 g weiße Schokolade, grob gehackt

4 Limetten, geschält und in sehr dünnen Scheiben, zum Dekorieren

ERGIBT 8 **STÜCKE • ZUBEREITUNGSZEIT** 45 MINUTEN + 2 STUNDEN, 30 MINUTEN KÜHLZEIT

GARZEIT 15–20 MINUTEN

BODEN **1. Den Schokoladen**-Mürbeteig zubereiten und mindestens 30 Minuten kühlen. **2. Die eingefettete** Tarteform mit Hebeboden (28 cm Ø) mit dem Teig auslegen und blindbacken (siehe Seite 9). Etwas abkühlen lassen, inzwischen die Füllung vorbereiten.

FÜLLUNG **3. Die Sahne** in einem Topf bis an den Siedepunkt erhitzen. Die weiße Schokolade in eine große hitzebeständige Schüssel geben und mit der heißen Sahne übergießen. Rühren, bis die Schokolade vollständig aufgelöst ist. Ein Stück Frischhaltefolie auf die Oberfläche legen und die Sahnemischung mindestens 2 Stunden kühlen. **4. Die gekühlte** Füllung auf dem vorgebackenen Boden verteilen. Mit den Limettenscheiben dekorieren. **5. Bis zum** Servieren in den Kühlschrank stellen.

• Wenn Sie dieses Rezept mögen, versuchen Sie auch die Orangen-Ricotta-Tarte auf Seite 24.

Birnentarte mit Marzipan

ERGIBT 8 **STÜCKE** · **ZUBEREITUNGSZEIT** 45 MINUTEN + 30 MINUTEN KÜHLZEIT · **GARZEIT** 45–55 MINUTEN

BODEN

Süßer Mürbeteig (siehe Seite 8–9)

BIRNENFÜLLUNG

90 g weiche Butter · 100 g Rohrzucker
2–3 Tropfen Bittermandelaroma · 2 Eier (Größe L) · 100 g gemahlene Mandeln
2 Esslöffel Speisestärke · 4–5 Esslöffel helle Konfitüre, z.B. Pflaumen · 3 feste, reife Birnen
2 Esslöffel Apfelgelee · 1 Teelöffel frisch gepresster Zitronensaft

BODEN **1. Den süßen** Mürbeteig zubereiten und mindestens 30 Minuten kühlen. **2. Die eingefettete** Tarteform mit Hebeboden (28 cm Ø) mit dem Teig auslegen und blindbacken (siehe Seite 9). Etwas abkühlen lassen, inzwischen die Füllung vorbereiten.

FÜLLUNG **3. Den Backofen** auf 180 °C vorheizen. **4. Butter,** Zucker und Bittermandelaroma in einer Schüssel mit einem elektrischen Handrührgerät auf mittlerer Stufe cremig rühren. Die Eier einzeln zugeben und jedes kurz unterrühren. Gemahlene Mandeln und Speisestärke einarbeiten. **5. Den vorgebackenen** Boden mit der Konfitüre bestreichen, dann die Mandelmischung darauf verteilen. Die Oberfläche mit einem Palettenmesser glatt streichen. **6. Die Birnen** schälen, halbieren und entkernen. Mit der Wölbung nach oben auf ein Schneidebrett legen und der Länge nach in dünne Scheiben schneiden. Die Birnen fächerförmig auf die Füllung legen. **7. Die Tarte** 35–40 Minuten backen, bis die Marzipanfüllung fest und goldbraun ist. **8. Apfelgelee** und Zitronensaft in einem sehr kleinen Topf bei niedriger Temperatur 1–2 Minuten erhitzen, bis die Mischung aufkocht. Den Kuchen damit bestreichen und warm servieren.

Anstelle der Birnen können Sie vier große, festfleischige Pfirsiche verwenden. Häuten, entsteinen, in dünne Scheiben schneiden und auf die Füllung legen.

• **Wenn Sie dieses Rezept mögen, versuchen Sie auch die Birnentarte mit Mandeln auf Seite 18.**

BODEN

Süßer Mürbeteig (siehe Seite 8–9)

MARZIPANFÜLLUNG

100 g Feinstzucker • 90 g weiche Butter • 50 g Mehl
150 g gemahlene Mandeln • 2 Eier (Größe L) • 5 Tropfen Vanillearoma
150 g frische Himbeeren

ERGIBT 8 **STÜCKE • ZUBEREITUNGSZEIT** 30 MINUTEN + 1 STUNDE KÜHL- UND ABKÜHLZEIT
GARZEIT 45–55 MINUTEN

Himbeer-Marzipan-Tarte

BODEN **1. Den süßen** Mürbeteig zubereiten und mindestens 30 Minuten kühlen. **2. Die eingefettete** Tarteform mit Hebeboden (28 cm Ø) mit dem Teig auslegen und blindbacken (siehe Seite 9). Etwas abkühlen lassen, inzwischen die Füllung vorbereiten.

FÜLLUNG **3. Den Backofen** auf 170 °C vorheizen. **4. Zucker,** Butter, Mehl, gemahlene Mandeln, Eier und Vanille in der Küchenmaschine bei mittlerer Geschwindigkeit ca. 2 Minuten mixen, bis eine glatte Masse entsteht. **5. Die Masse** auf den vorgebackenen Boden geben und mit einem Teigschaber oder der Rückseite eines Löffels glatt streichen. Die Himbeeren gleichmäßig verteilt dekorativ in die Masse drücken. **6. Die Tarte** 35–40 Minuten backen, bis die Marzipanmasse goldbraun ist. **7. Abkühlen** lassen und zimmerwarm servieren.

Wenn Sie dieses Rezept mögen, versuchen Sie auch die Birnentarte mit Marzipan auf Seite 70.

ERGIBT 8 STÜCKE • ZUBEREITUNGSZEIT 30 MINUTEN + 6 STUNDEN KÜHL- UND ABKÜHLZEIT • GARZEIT 15–20 MINUTEN

Schokomousse-Tarte

BODEN
Schokoladen-Mürbeteig (siehe Seite 8–9)

SCHOKOLADENFÜLLUNG
500 g Bitterschokolade • 125 ml Milch • 6 Eier (Größe L), getrennt
75 g Puderzucker • 180 g Sahne (mit hohem Fettgehalt) • 1/4 Teelöffel Weinstein
2 Esslöffel Zucker

DEKORATION
250 g Sahne (mit hohem Fettgehalt) • 2 Esslöffel Kakaopulver • 2 Esslöffel Puderzucker
1 Teelöffel Amaretto

BODEN **1. Den Schokoladen**-Mürbeteig zubereiten und 30 Minuten kühlen. **2. Die eingefettete** Tarteform mit Hebeboden (28 cm Ø) mit dem Teig auslegen und blindbacken (siehe Seite 9). FÜLLUNG **3. Schokolade** und Milch im Wasserbad schmelzen. **4. Eigelb** und Puderzucker in eine große hitzebeständige Schüssel geben, aufs heiße Wasserbad setzen und aufschlagen. Die Schokoladenmilch einrühren und unter ständigem Rühren erhitzen, bis die Masse eindickt und an der Rückseite eines Holzkochlöffels haftet. Wenn Sie ein Küchenthermometer verwenden, dann exakt auf 70 °C erhitzen. Die Schüssel in einen Behälter mit Eiswasser stellen und die Mischung rühren, bis sie abgekühlt ist. **5. Die Sahne** in einer Schüssel mit einem elektrischen Handrührgerät auf hoher Stufe steif schlagen. Unter die Schokomasse heben. **6. Das Eiweiß** mit Weinstein und Zucker auf mittlerer Stufe steif schlagen. Unter die Schokomischung heben. 4 Stunden in den Kühlschrank stellen. **7. Die Schokomousse** auf dem Boden verteilen und nochmals mindestens 1 Stunde kühlen. DEKORATION **8. Sahne,** Kakao, Puderzucker und Amaretto in einer großen Schüssel mit einem elektrischen Handrührgerät auf hoher Stufe steif schlagen. **9. Die Schokosahne** in einen Spritzbeutel mit 2-cm-Sterntülle füllen, die Tarte mit Rosetten verzieren.

• Wenn Sie dieses Rezept mögen, versuchen Sie auch die Erdbeermousse-Tarte auf Seite 20.

Schokoladentarte mit Rum

ERGIBT 8 STÜCKE · ZUBEREITUNGSZEIT 30 MINUTEN + 1 STUNDE KÜHL- UND ABKÜHLZEIT
GARZEIT 20–25 MINUTEN

BODEN
Schokoladen-Mürbeteig (siehe Seite 8–9)

SCHOKOLADENFÜLLUNG
400 g Bitterschokolade, grob gehackt
180 g Butter, in Würfeln · 2 Esslöffel brauner Rum · 2 Eier (Größe L)
2 große Eigelb · 2 Esslöffel Zucker · 1 Esslöffel Kakaopulver · 1 Esslöffel Puderzucker

BODEN **1. Den Schokoladen-**Mürbeteig zubereiten und mindestens 30 Minuten kühlen. **2. Die eingefettete** Tarteform mit Hebeboden (28 cm Ø) mit dem Teig auslegen und blindbacken (siehe Seite 9). Etwas abkühlen lassen, inzwischen die Füllung vorbereiten.

FÜLLUNG **3. Den Backofen** auf 180 °C vorheizen. **4. Schokolade** und Butter im Wasserbad schmelzen und glatt rühren. Den Rum einrühren, dann beiseitestellen und abkühlen lassen. **5. Eier,** Eigelb und Zucker in einer Schüssel mit einem elektrischen Handrührgerät auf hoher Stufe hell und cremig aufschlagen. Langsam die Schokoladenmischung einarbeiten. **6. Die Füllung** auf dem vorgebackenen Boden verteilen. **7. Die Tarte** 10 Minuten backen, bis die Füllung am Rand aufzugehen beginnt. Aus dem Ofen nehmen und etwas abkühlen lassen. **8. Kakao** und Puderzucker über die Tarte sieben. **9. Warm** oder gekühlt servieren.

Verwenden Sie Bitterschokolade von bester Qualität.

Wenn Sie dieses Rezept mögen, versuchen Sie auch den Schokokuchen mit Baiserhaube auf Seite 78.

BODEN
Schokoladen-Mürbeteig (siehe Seite 8–9)

SCHOKOLADENFÜLLUNG & BELAG
200 g Bitterschokolade, gehackt • 90 g Sahne (mit hohem Fettgehalt)
5 Tropfen Vanillearoma • 90 g weiche Butter • 250 g Zucker
4 Eier (Größe L), getrennt plus 1 großes Eigelb • 100 g gemahlene Mandeln

ERGIBT 8 **STÜCKE • ZUBEREITUNGSZEIT** 45 MINUTEN + 1 STUNDE KÜHL- UND ABKÜHLZEIT
GARZEIT 35–45 MINUTEN

Schokokuchen mit Baiserhaube

BODEN **1. Den Schokoladen**-Mürbeteig zubereiten und mindestens 30 Minuten kühlen. **2. Die eingefettete** Tarteform mit Hebeboden (28 cm Ø) mit dem Teig auslegen und blindbacken (siehe Seite 9). Etwas abkühlen lassen. **3. Den Backofen** auf 180 °C vorheizen.

FÜLLUNG **4. Schokolade,** Sahne und Vanille im Wasserbad erhitzen und glatt rühren. Zum Abkühlen beiseitestellen. **5. Die Butter** mit 100 g Zucker in einer Schüssel mit einem elektrischen Handrührgerät auf hoher Stufe hell und cremig aufschlagen. Eigelb und Schokoladenmischung unterrühren, dann die gemahlenen Mandeln unterheben. **6. Die Füllung** auf dem vorgebackenen Boden verteilen. **7. Den Kuchen** 10 Minuten backen. **8. Inzwischen** das Eiweiß in einer Schüssel mit dem elektrischen Handrührgerät auf mittlerer Stufe schaumig aufschlagen. Langsam bei laufendem Gerät den restlichen Zucker (150 g) einrieseln lassen, bis die Masse steif ist und glänzt. **9. Die Baisermasse** auf der Füllung verteilen und den Kuchen weitere 15–20 Minuten backen, bis die Oberfläche zart gebräunt ist. **10. Lauwarm** oder zimmerwarm servieren.

Dieser edle Kuchen ist genau richtig für einen festlichen Anlass.

Wenn Sie dieses Rezept mögen, versuchen Sie auch den Johannisbeerkuchen mit Baiserhaube auf Seite 118.

Geeiste Schokoladentarte
mit Macadamianüssen

ERGIBT 8 **STÜCKE** · **ZUBEREITUNGSZEIT** 45 MINUTEN + 4–6 STUNDEN GEFRIERZEIT · **GARZEIT** 5 MINUTEN

BODEN

300 g Vollkornbutterkekse
180 g gesalzene Butter, zerlassen, plus etwas Butter zum Einfetten

SCHOKO-NUSS-FÜLLUNG

300 g Bitterschokolade, grob gehackt · 375 g Frischkäse, zimmerwarm
150 g Zucker · 10 Tropfen Vanillearoma · 120 g Macadamianüsse, grob gehackt
600 g Sahne (mit hohem Fettgehalt)

BODEN **1. Eine Tarteform** mit Hebeboden (28 cm ø) dünn mit Butter einfetten. **2. Die Kekse** zerbröseln und in einer Schüssel mit der zerlassenen Butter mischen. Die Masse fest an Boden und Rand der Form drücken.
FÜLLUNG **3. Die Schokolade** in einer Schüssel über leicht köchelndem Wasser schmelzen. Vom Herd nehmen und etwas abkühlen lassen. **4. Schokolade,** Frischkäse, Zucker und Vanillearoma in einer großen Schüssel mit einem elektrischen Handrührgerät auf mittlerer Stufe glatt rühren. Die Macadamianüsse einarbeiten. **5. Die Sahne** mit dem elektrischen Handrührgerät in einer Rührschüssel auf mittlerer bis hoher Stufe steif schlagen. Ein Viertel der Sahne mit einem großen Teigschaber unter die Schokoladenmischung ziehen, dann die restliche Sahne unterheben. **6. Die Füllung** auf dem Boden verteilen. Mit Alufolie abdecken und 4–6 Stunden ins Gefrierfach stellen. **7. Zum Servieren** die Tarte vorsichtig vom Formrand lösen und aus der Form heben. 5 Minuten bei Zimmertemperatur antauen lassen.

Schoko-Fans werden von diesem Rezept mit der sahnigen Füllung begeistert sein. Wer mag, serviert dazu frische Beeren und Schlagsahne.

• **Wenn Sie dieses Rezept mögen**, versuchen Sie auch den Schoko-Mandel-Kuchen mit Sahne auf Seite 122.

BODEN

300 g einfache Schokokekse, zerkrümelt
1½ Esslöffel Instant-Kaffee • 100 g Zucker
125 g Butter, zerlassen, plus etwas Butter zum Einfetten

MOKKAFÜLLUNG

250 g Bitterschokolade, grob gehackt • 1 Esslöffel Instant-Kaffee
1 Esslöffel gemahlene Gelatine • 125 ml kaltes Wasser • 6 sehr frische Eier (Größe L), getrennt
150 g Zucker • 250 g Sahne (mit hohem Fettgehalt) • Milchschokoladenlocken, zum Garnieren

ERGIBT 8 **STÜCKE** • **ZUBEREITUNGSZEIT** 30 MINUTEN + 7 STUNDEN KÜHLZEIT • **GARZEIT** 20 MINUTEN

Mokkatraum

BODEN **1. Den Backofen** auf 180 °C vorheizen. Eine Tarteform mit Hebeboden (28 cm Ø) einfetten. **2. Kekskrümel,** Kaffee und Zucker in einer großen Schüssel vermengen. Die Butter zugeben und gründlich vermischen. Boden und Rand der Form damit auslegen und gut andrücken. **3. Den Boden** 10 Minuten backen. Auf einem Kuchengitter abkühlen lassen.

FÜLLUNG **4. Die Schokolade** im Wasserbad schmelzen. Vom Herd nehmen und den Kaffee einrühren. Abkühlen lassen. **5. Die Gelatine** in das kalte Wasser einstreuen; beiseitestellen. **6. Das Eigelb** mit der Hälfte des Zuckers im Wasserbad mit einem Kochlöffel aufschlagen, bis sich der Zucker aufgelöst hat und die Masse den Löffelrücken überzieht. **7. Die Gelatinemischung** zugeben und so lange weiterrühren, bis die Gelatine aufgelöst ist. **8. Vom Herd** nehmen und die geschmolzene Schokolade einrühren. Auf Zimmertemperatur abkühlen lassen, dann 1 Stunde in den Kühlschrank stellen. **9. Die Sahne** mit 2 Esslöffeln des verbliebenen Zuckers steif schlagen und behutsam unter die Schokomasse heben. **10. Das Eiweiß** mit dem restlichen Zucker steif schlagen. Ebenfalls behutsam unter die Schokomasse heben. **11. Die Creme** auf dem Boden verstreichen und mindestens 6 Stunden kühlen. **12. Kurz** vor dem Servieren mit den Schokolocken bestreuen.

Das Wort „Mokka" geht zurück auf die jemenitische Hafenstadt al-Mucha, die früher ein Hauptumschlagplatz für Kaffeebohnen war. Heute nennen wir einen sehr starken Espresso so oder eine Speisezubereitung mit Kaffee.

• Wenn Sie dieses Rezept mögen, versuchen Sie auch die Schokomousse-Tarte auf Seite 74.

BODEN

300 g Vanillekekse, fein zerkürmelt
150 g fein gemahlene Mandeln
250 g gesalzene Butter, zerlassen

SCHOKOLADENFÜLLUNG

6 große Eigelb · 150 g Zucker · 50 g Mehl
600 ml Milch · 200 g Bitterschokolade, gerieben

BELAG

300 g frische Himbeeren · 60 g Aprikosenkonfitüre

ERGIBT 8 **STÜCKE** · **ZUBEREITUNGSZEIT** 30 MINUTEN + 3 STUNDEN KÜHLZEIT · **GARZEIT** 5–10 MINUTEN

Schoko-Himbeer-Tarte

BODEN **1. Kekskrümel,** Mandeln und Butter in einer großen Schüssel gut vermengen. Gleichmäßig in einer Tarteform mit Hebeboden (28 cm Ø) verteilen und an Boden und Rand fest andrücken. **2. Im Kühlschrank** 1 Stunde ruhen lassen.

FÜLLUNG **3. Eigelb** und 50 g Zucker mit dem Handrührgerät auf höchster Stufe hell und cremig aufschlagen. Auf niedriger Rührstufe das Mehl einarbeiten. **4. Die verbliebenen** 100 g Zucker mit der Milch in einem Topf bei mittlerer Hitze aufkochen. **5. Die heiße** Milch in dünnem Strahl zur Eimischung gießen, dabei ständig rühren. Alles zurück in den Topf geben und den Pudding bei niedriger Hitze 2 Minuten köcheln. **6. Die Schokolade** in eine Schüssel geben und mit dem Pudding übergießen. Rühren, bis die Schokolade geschmolzen ist. Abgedeckt abkühlen lassen. **7. Die Schokoladenmasse** auf dem abgekühlten Boden verteilen und 2 Stunden in den Kühlschrank stellen.

BELAG **8. Die Himbeeren** gleichmäßig auf der Füllung verteilen. **9. Die Konfitüre** durch ein nicht zu feines Sieb in einen kleinen Topf passieren und erhitzen, bis sie zähflüssig ist. Über die Himbeeren streichen.

Himbeeren und Schokolade sind eine klassische Kombination. Auch hier gleicht die frische Fruchtigkeit der Beeren das tiefe Schokoladenaroma aus.

● Wenn Sie dieses Rezept mögen, versuchen Sie auch die Tarte au Chocolat auf Seite 34.

BODEN

250 g Mehl • 150 g fein gemahlene Mandeln
150 g Zucker • 50 g Kakaopulver • 250 g gesalzene Butter
2 große Eigelb • 5 Tropfen Vanillearoma

APRIKOSENFÜLLUNG

180 g getrocknete Aprikosen, gehackt • 90 ml frisch gepresster Orangensaft
60 ml Aprikosenlikör • 500 g Aprikosenkonfitüre

ERGIBT 8 **STÜCKE** • **ZUBEREITUNGSZEIT** 45 MINUTEN • **GARZEIT** 55–65 MINUTEN

Linzer Torte mit Schokoboden

BODEN **1. Den Backofen** auf 180 °C vorheizen. **2. Mehl,** gemahlene Mandeln, Zucker und Kakao in der Küchenmaschine mit der Pulsfunktion vermengen. **3. Die Butter** zufügen und weiterrühren, bis eine krümelige Mischung entstanden ist. **4. Eigelb** und Vanille einarbeiten, bis die Masse leicht klebrig wird. **5. Ein Drittel** der Masse herausnehmen, zu einer Kugel formen und in Frischhaltefolie gewickelt in den Kühlschrank legen. **6. Mit dem** übrigen Teig Boden und Rand einer Tarteform mit Hebeboden (28 cm Ø) auslegen. **7. Den Boden** 15 Minuten backen, bis der Teig fest wird. In der Form auf einem Kuchengitter abkühlen lassen.

FÜLLUNG **8. Aprikosen** und Orangensaft in einem kleinen Topf erhitzen, dabei gelegentlich rühren. Kurz aufkochen und auf niedriger Stufe 10 Minuten köcheln. **9. Vom Herd** nehmen und den Likör sowie 400 g Konfitüre einrühren. Glatt rühren, dann abkühlen lassen. Auf dem abgekühlten Boden verstreichen. **10. Den verbliebenen** Teig 5 mm dünn ausrollen, in 1 cm breite Streifen schneiden und diese als Gitter über die Füllung legen (siehe Seite 11). **11. Den Kuchen** 30–35 Minuten backen, bis die Füllung Blasen wirft. **12. Auf einem** Kuchengitter abkühlen lassen, dann behutsam aus der Form lösen. **13. Die verbliebene** Konfitüre durch ein Sieb in einen kleinen Topf streichen und aufkochen. Mit einem Backpinsel auf das Gitter streichen. **14. Warm** oder auf Zimmertemperatur abgekühlt servieren.

Dieser süße Kuchen stammt aus dem österreichischen Linz. Sie können die getrockneten Aprikosen auch weglassen und statt Aprikosenkonfitüre Johannisbeerkonfitüre für die Füllung nehmen.

• **Wenn Sie dieses Rezept mögen,** versuchen Sie auch den Neapolitanischen Kuchen auf Seite 124.

Rote-Grütze-Pie

BODEN

300 g Mehl, plus Mehl zum Bestäuben
3 Esslöffel Feinstzucker • 180 g gesalzene Butter, gekühlt und in Würfeln, plus etwas Butter zum Einfetten • 3 Esslöffel Eiswasser

FRUCHTFÜLLUNG

200 g Stachelbeeren oder Himbeeren • 300 g Brombeeren oder Heidelbeeren
300 g rote oder gelbe Pflaumen, entsteint und geviertelt • 100 g Zucker • 1 Esslöffel Speisestärke
1 Ei (Größe L), getrennt • 1 Esslöffel gemahlene Mandeln oder Polenta • 1 Esslöffel Milch
2 Esslöffel Hagelzucker, zum Bestreuen

ERGIBT 4 **PORTIONEN • ZUBEREITUNGSZEIT** 30 MINUTEN + 30 MINUTEN KÜHLZEIT • **GARZEIT** 25–35 MINUTEN

BODEN **1. Mehl,** Zucker und Butter in der Küchenmaschine mit dem Knethaken zu einem krümeligen Teig verarbeiten. **2. Das Wasser** zugeben und einarbeiten. Mit den Händen nur leicht zu einem glatten Teig kneten. Zu einer Kugel formen und in Frischhaltefolie gewickelt 30 Minuten in den Kühlschrank legen.

FÜLLUNG **3. Alle Beeren** und die Pflaumen in einer Schüssel mit Zucker und Stärke bestreuen. **4. Den Backofen** auf 200 °C vorheizen. Eine Tarteform mit Hebeboden (28 cm Ø) mit Butter einfetten. **5. Den Teig** auf einer leicht bemehlten Arbeitsfläche 5 mm dick zu einem Kreis (50 cm Ø) ausrollen. **6. Locker** über der Teigrolle aufrollen und mittig auf die Form legen; der Rand hängt dabei über. Mit etwas Eiweiß bestreichen und mit den gemahlenen Mandeln bestreuen, damit der Boden später nicht durchweicht. **7. Das Obst** in die Mitte häufen. Den Teig so über der Füllung einschlagen, dass die Mitte offen bleibt. An den Falten zusammendrücken. **8. Eigelb** und Milch in einer Tasse verrühren und den Pie damit bestreichen. Mit dem Hagelzucker bestreuen. **9. 25–35 Minuten** backen, bis der Pie goldbraun ist und der Obstsaft Blasen wirft. **10. Heiß** servieren.

Reichen Sie Vanillesauce dazu.

Wenn Sie dieses **Rezept** mögen, versuchen Sie auch den Aprikosen-Pie auf Seite 114.

Brombeer-Pie
mit Pudding

ERGIBT 8 STÜCKE • ZUBEREITUNGSZEIT 45 MINUTEN + 2 STUNDEN KÜHLZEIT • GARZEIT 35–40 MINUTEN

BODEN

Mürbeteig ohne Zucker (siehe Seite 10–11)

BROMBEERFÜLLUNG

450 g Brombeeren, frische oder TK-Ware • 1 Teelöffel gemahlener Zimt
Milch, zum Bestreichen • Hagelzucker, zum Bestreuen

PUDDING

4 große Eigelb • 150 g Zucker • 375 g Sahne (mit hohem Fettgehalt)

BODEN **1. Den Mürbeteig** zubereiten, halbieren und beide Portionen in Frischhaltefolie gewickelt 1 Stunde kühlen. **2. Eine Teighälfte** ausrollen und die eingefettete Tarteform mit Hebeboden (28 cm Ø) mit dem Teig auslegen (siehe Seite 11). 1 weitere Stunde kühlen. FÜLLUNG **3. Den Backofen** auf 200 °C vorheizen. **4. Brombeeren** und Zimt in einer Schüssel behutsam vermengen. **5. Die Brombeeren** auf dem vorbereiteten Boden verteilen. **6. Die andere** Teighälfte zu einem 28 cm großen Kreis ausrollen und über die Füllung legen. Überhängenden Teig nach unten einfalten und andrücken. Den Rand dekorativ einkerben. Mit einem scharfen Messer in der Mitte ein Loch einschneiden. Mit Milch bestreichen und mit Hagelzucker bestreuen. **7. Den Kuchen** 30 Minuten backen. PUDDING **8. Eigelb** und Zucker mit dem Handrührgerät auf hoher Stufe hell und cremig aufschlagen. **9. Die Sahne** in einem kleinen Topf bei mittlerer Hitze bis kurz unter den Siedepunkt erhitzen. Die heiße Sahne in dünnem Strahl unter ständigem Rühren in die Eigelbmischung gießen. **10. Den Kuchen** aus dem Ofen nehmen und den Pudding in das Loch in der Mitte einfüllen. Etwas zum Servieren zurückbehalten. **11. Den Kuchen** weitere 5–10 Minuten backen, bis er goldbraun ist. **12. Heiß** servieren.

Ideal an kalten Winterabenden!

• **Wenn Sie dieses Rezept mögen, versuchen Sie auch den Apfel-Heidelbeer-Pie auf Seite 110.**

Heidelbeer-Pie

BODEN

Mürbeteig ohne Zucker (siehe Seite 10–11)

HEIDELBEERFÜLLUNG

600 g Heidelbeeren, frische oder TK-Ware • 30 g gemahlene Mandeln
75 g Zucker • 2 Teelöffel fein abgeriebene Zitronenschale
Milch, zum Bestreichen • Hagelzucker, zum Bestreuen

ERGIBT 8 **STÜCKE • ZUBEREITUNGSZEIT** 30 MINUTEN + 2 STUNDEN KÜHLZEIT
GARZEIT 30–40 MINUTEN

BODEN **1. Den Mürbeteig** zubereiten, halbieren und beide Portionen in Frischhaltefolie gewickelt 1 Stunde kühlen. **2. Eine Teighälfte** ausrollen und die eingefettete Tarteform mit Hebeboden (28 cm Ø) mit dem Teig auslegen (siehe Seite 11). 1 weitere Stunde kühlen.

FÜLLUNG **3. Den Backofen** auf 200 °C vorheizen. **4. Heidelbeeren,** Mandeln, Zucker und Zitronenschale in einer Schüssel behutsam vermengen. **5. Die Füllung** auf dem vorbereiteten Boden verteilen. **6. Die andere** Teighälfte zu einem 28 cm großen Kreis ausrollen und über die Füllung legen. Überhängenden Teig nach unten einfalten und andrücken. Den Rand dekorativ eindrücken oder einkerben. Mit Milch bestreichen und mit Hagelzucker bestreuen. **7. Den Kuchen** 30–40 Minuten backen, bis er goldbraun ist. **8. Warm** servieren.

Nach Belieben die Heidelbeeren durch andere Beeren ersetzen – schmeckt ebenfalls sehr gut!

• **Wenn Sie dieses Rezept mögen, versuchen Sie auch den Brombeer-Pie mit Pudding auf Seite 90.**

BODEN

**200 g gesalzene weiche Butter, plus etwas Butter zum Einfetten • 100 g Zucker • 2 Eier (Größe L)
300 g Mehl, plus etwas Mehl zum Bestäuben • 2 Teelöffel Backpulver
½ Teelöffel gemahlener Zimt • 250 g Naturjoghurt
fein abgeriebene Zitronenschale**

NUGATFÜLLUNG & STREUSEL

**375 g Nuss-Nugat-Creme (z.B. Nutella), zimmerwarm • 3 Esslöffel Mehl • 4 Esslöffel Zucker
150 g Haselnüsse, geröstet and grob gehackt • 3 Esslöffel Butter • 125 g Sahne (mit hohem Fettgehalt)**

ERGIBT 8 **STÜCKE** • **ZUBEREITUNGSZEIT** 30 MINUTEN + 30 MINUTEN KÜHLZEIT • **GARZEIT** 40–45 MINUTEN

Nuss-Nugat-Kuchen

BODEN **1. Den Backofen** auf 180 °C vorheizen. Eine Tarteform mit Hebeboden (28 cm Ø) mit Butter einfetten und mit Mehl bestäuben. **2. Butter** und Zucker in einer großen Schüssel mit dem Handrührgerät auf hoher Stufe hell und cremig rühren. Die Eier nacheinander zugeben und jeweils auf mittlerer Rührstufe einarbeiten. **3. Mehl,** Backpulver und Zimt unterrühren. Joghurt (2 Esslöffel zurückbehalten) und Zitronenschale zufügen und zu einer glatten Masse rühren. Den Teig zu einer Kugel formen, in Frischhaltefolie wickeln und 30 Minuten kühlen. **4. Den Teig** halbieren und auf einer leicht bemehlten Arbeitsfläche zu zwei 30 cm großen Kreisen ausrollen. **5. Mit einem** Teigkreis die Tarteform auslegen. Mit der Nuss-Nugat-Creme bestreichen. Mit der zweiten Teigscheibe belegen und den Rand rundum andrücken. Überstehenden Teig abschneiden. STREUSEL **6. Mehl,** Zucker und Nüsse in eine Schüssel geben. Die Butter in die Mischung reiben, bis die Masse krümelig ist. Über dem Kuchen verteilen. **7. Den Kuchen** 40–45 Minuten backen, bis er goldbraun ist. **8. Die Sahne** aufschlagen, dann die restlichen 2 Esslöffel Joghurt einrühren. **9. Heiß** mit der Sahnemischung servieren.

Die gerösteten Haselnüsse in den Streuseln passen geschmacklich hervorragend zur Füllung und bilden gleichzeitig von der Konsistenz her einen Kontrast.

• **Wenn Sie dieses Rezept mögen**, versuchen Sie auch die **Torta della Nonna auf Seite 120**.

Apfel-Erdbeer-Pie

BODEN
Mürbeteig ohne Zucker (siehe Seite 10–11)
APFEL-ERDBEER-FÜLLUNG
750 g säuerliche Äpfel, z.B. Granny Smith • 2–3 Esslöffel Wasser
450 g Erdbeeren, frische oder TK-Ware, halbiert • 100 g Rohrzucker
1 Esslöffel Speisestärke • 1 Teelöffel fein abgeriebene Orangenschale
1 Teelöffel gemahlener Zimt • 3 Esslöffel Milch, zum Bestreichen • Hagelzucker, zum Bestreuen
ERGIBT 8 **STÜCKE • ZUBEREITUNGSZEIT** 30 MINUTEN + 2 STUNDEN KÜHLZEIT • **GARZEIT** 45–55 MINUTEN

BODEN **1. Den Mürbeteig** zubereiten, halbieren und beide Portionen in Frischhaltefolie gewickelt 1 Stunde kühlen. **2. Eine Teighälfte** ausrollen und die eingefettete Tarteform mit Hebeboden (28 cm Ø) mit dem Teig auslegen (siehe Seite 11). 1 weitere Stunde kühlen.

FÜLLUNG **3. Den Backofen** auf 200 °C vorheizen. **4. Die Äpfel** schälen, entkernen und in dünne Scheiben schneiden. Mit dem Wasser in einen großen Topf geben und bei mittlerer Hitze 5 Minuten dünsten. Erdbeeren, Zucker, Stärke, Orangenschale und Zimt zufügen und etwa 10 Minuten weiterköcheln, bis die Äpfel weich werden. **5. Die Füllung** auf den vorbereiteten Boden geben. **6. Die andere** Teighälfte zu einem 28 cm großen Kreis ausrollen und über die Füllung legen. Überhängenden Teig nach unten einfalten und andrücken, den Rand dekorativ einkerben. Die Mitte mit einem scharfen Messer einschlitzen. Mit der Milch bestreichen und mit Hagelzucker bestreuen. **7. Den Kuchen** 30–40 Minuten backen, bis er goldbraun ist. **8. Warm** servieren.

Wenn Sie dieses Rezept mögen, versuchen Sie auch den Apple Pie auf Seite 106.

Pfirsich-Pie

ERGIBT 8 **STÜCKE** · **ZUBEREITUNGSZEIT** 40 MINUTEN + 2 STUNDEN KÜHLZEIT · **GARZEIT** 30–40 MINUTEN

BODEN

Mürbeteig ohne Zucker (siehe Seite 10–11)

PFIRSICHFÜLLUNG

100 g Zucker · 2 Esslöffel Mehl · 2 Esslöffel gemahlene Mandeln
1 Teelöffel gemahlener Zimt · 1 kg Pfirsiche, geschält, entsteint und in Scheiben
1 Esslöffel frisch gepresster Zitronensaft · 1 Esslöffel Butter
1 Ei (Größe L), leicht verquirlt · Hagelzucker, zum Bestreuen
steif geschlagene Sahne oder Crème fraîche, zum Servieren

BODEN **1. Den Mürbeteig** zubereiten, halbieren und beide Portionen in Frischhaltefolie gewickelt 1 Stunde kühlen. **2. Eine Teighälfte** ausrollen und die eingefettete Tarteform mit Heboden (28 cm Ø) mit dem Teig auslegen (siehe Seite 11). 1 weitere Stunde in den Kühlschrank legen.

FÜLLUNG **3. Den Backofen** auf 200 °C vorheizen. **4. Zucker,** Mehl, Mandeln und Zimt in einer Schüssel vermengen. Pfirsiche und Zitronensaft zufügen und behutsam in den trockenen Zutaten wenden. **5. Die Füllung** auf den vorbereiteten Boden geben und die Butter in Flöckchen darauf verteilen. **6. Den übrigen** Teig zu einem 28 cm großen Kreis ausrollen und über die Füllung legen. Überhängenden Teig nach unten einfalten und andrücken. Den Rand dekorativ einkerben. Mit einem scharfen Messer ein Loch in den Teigdeckel schneiden. Mit dem verquirlten Ei bestreichen und mit Hagelzucker bestreuen. **7. Den Kuchen** 30–40 Minuten backen, bis er goldbraun ist. **8. Lauwarm** mit einem Löffel steif geschlagener Sahne oder etwas Crème fraîche servieren.

Wenn gerade keine frischen Pfirsiche im Handel sind, nehmen Sie ungezuckerte, gut abgetropfte Dosenware.

• **Wenn Sie dieses Rezept mögen, versuchen Sie auch den Riemchen-Rhabarber auf Seite 112.**

BODEN

Mürbeteig ohne Zucker (siehe Seite 10–11)

BEERENFÜLLUNG

300 g Heidelbeeren, frische oder TK-Ware

300 g Brombeeren, frische oder TK-Ware • 300 g Himbeeren, frische oder TK-Ware

100 g Zucker • 3 Esslöffel Mehl • 1 Teelöffel gemahlener Zimt

½ Teelöffel frisch geriebene Muskatnuss • 2 Teelöffel fein abgeriebene Zitronenschale

1 großes Ei, leicht verquirlt • Hagelzucker, zum Bestreuen

ERGIBT 8 **STÜCKE • ZUBEREITUNGSZEIT** 30 MINUTEN + 2 STUNDEN KÜHLZEIT **• GARZEIT** 30–40 MINUTEN

Waldfrüchte-Pie

BODEN **1. Den Mürbeteig** zubereiten, halbieren und beide Portionen in Frischhaltefolie gewickelt 1 Stunde kühlen. **2. Eine Teighälfte** ausrollen und die eingefettete Tarteform mit Hebeboden (28 cm Ø) mit dem Teig auslegen (siehe Seite 11). Überstehenden Teig abschneiden und beiseitelegen. 1 weitere Stunde kühlen.

FÜLLUNG **3. Den Backofen** auf 200 °C vorheizen. **4. Alle Beeren,** Zucker, Mehl, Zimt, Muskat und Zitronenschale in einer Schüssel vermengen. **5. Die Füllung** auf dem vorbereiteten Boden verteilen. **6. Die andere** Teighälfte zu einem 30 cm großen Kreis ausrollen. Über die Füllung legen, den überhängenden Teig nach unten einfalten und andrücken. Den Rand dekorativ einkerben. Die beiseitegelegten Teigreste ausrollen und kleine dekorative Formen wie Sterne ausstechen. Diese mit Wasser bestreichen und auflegen. Den Teigdeckel mit dem verquirlten Ei bestreichen und mit Hagelzucker bestreuen. **7. Den Kuchen** 30–40 Minuten backen, bis er goldbraun ist. **8. Warm** servieren.

Sie können auch andere Beeren in der gleichen Menge verwenden.

● **Wenn Sie dieses Rezept mögen, versuchen Sie auch den Heidelbeer-Pie auf Seite 92.**

Riemchen-Pflaume

BODEN

Mürbeteig ohne Zucker (siehe Seite 10–11)

PFLAUMENFÜLLUNG

100 g brauner Zucker • 4 Esslöffel Mehl • 1 Teelöffel gemahlener Zimt
1 kg dunkle runde Pflaumen, geschält, entsteint und in Scheiben
1 Esslöffel frisch gepresster Zitronensaft • 1 Esslöffel Butter
1 Ei (Größe L), leicht verquirlt • Hagelzucker, zum Bestreuen

ERGIBT 6–8 **STÜCKE** • **ZUBEREITUNGSZEIT** 40 MINUTEN + 2 STUNDEN KÜHLZEIT • **GARZEIT** 30–40 MINUTEN

BODEN **1. Den Mürbeteig** zubereiten. Den Teig in zwei Portionen teilen, wobei die eine etwas größer sein sollte als die andere. Beide Portionen in Frischhaltefolie gewickelt 1 Stunde kühlen. **2. Die größere** Teigkugel ausrollen und die eingefettete Tarteform mit Hebeboden (28 cm Ø) mit dem Teig auslegen (siehe Seite 11). 1 weitere Stunde in den Kühlschrank legen.

FÜLLUNG **3. Den Backofen** auf 200 °C vorheizen. **4. Zucker,** Mehl und Zimt in einer Schüssel vermengen. Pflaumen und Zitronensaft zugeben und in der trockenen Mischung wenden. **5. Das Obst** auf den vorbereiteten Boden geben und die Butter in Flöckchen darauf verteilen. **6. Die andere** Teigkugel ausrollen, in Streifen schneiden und diese als Gitter über die Füllung legen (siehe Seite 11). Den Rand rundum mit den Fingern andrücken, überstehenden Teig abschneiden. Das Gitter mit dem verquirlten Ei bestreichen und die Kuchenoberfläche mit Hagelzucker bestreuen. **7. Den Kuchen** 30–40 Minuten goldbraun backen. **8. Warm** servieren.

• Wenn Sie dieses Rezept mögen, versuchen Sie auch die Ricotta-Pflaumen-Tarte auf Seite 46.

BODEN

$^1/_2$ Rezept Mürbeteig ohne Zucker (S. 10–11)

KÜRBISFÜLLUNG

500 g Kürbisfleisch, z. B. Hokkaido, gewürfelt • 150 g Rohrzucker
4 Eier (Größe L), leicht verquirlt • 300 g Sahne (mit hohem Fettgehalt)
$1^1/_2$ Esslöffel Mehl • 1 Teelöffel gemahlener Zimt • $^1/_4$ Teelöffel gemahlener Ingwer,
$^1/_4$ Teelöffel frisch geriebene Muskatnuss • $^1/_8$ Teelöffel gemahlene Gewürznelken
steif geschlagene Sahne oder Crème fraîche, zum Servieren

ERGIBT 8 **STÜCKE** • **ZUBEREITUNGSZEIT** 30 MINUTEN + 90 MINUTEN KÜHLZEIT • **GARZEIT** 60–70 MINUTEN

Kürbistarte

BODEN **1. Den Mürbeteig** zubereiten und in Frischhaltefolie gewickelt 1 Stunde kühlen. **2. Den Teig** ausrollen und die eingefettete Tarteform mit Hebeboden (28 cm Ø) damit auslegen (siehe Seite 11). Überhängenden Teig nach unten einfalten und den Rand mit den Fingern dekorativ eindrücken. Die Form weitere 30 Minuten in den Kühlschrank legen.

FÜLLUNG **3. Den Backofen** auf 150 °C vorheizen. **4. Den Kürbis** mit etwas Wasser in einem Topf 15–20 Minuten dünsten, bis er weich ist. Etwas abkühlen lassen und mit einem Stabmixer pürieren. **5. Kürbispüree,** Zucker, Eier, Sahne, Mehl, Zimt, Ingwer, Muskatnuss und Nelken in einer Schüssel mit einem Holzlöffel vermengen. **6. Die Füllung** auf dem vorbereiteten Boden verteilen. **7. Die Tarte** 50 Minuten backen, bis der Teig goldbraun und die Füllung noch weich ist. Nach 45 Minuten bereits eine Garprobe machen, damit die Tarte nicht zu trocken wird. **8. Warm** oder auf Zimmertemperatur abgekühlt mit einem Löffel Schlagsahne oder Crème fraîche servieren.

Rezepte mit Kürbis sind typisch für Nordamerika und die Kürbistarte wird gern zu Thanksgiving gebacken. Sie stammt ursprünglich aus England und kam mit den Auswanderern in die Neue Welt.

● **Wenn Sie dieses Rezept mögen, versuchen Sie auch die Walnusstarte mit Orangenlikör auf Seite 66.**

Apple **Pie**

BODEN

Mürbeteig ohne Zucker (siehe Seite 10–11)

APFELFÜLLUNG

1 kg säuerliche Äpfel, z. B. Granny Smith • 150 g Zucker
1½ Esslöffel frisch gepresster Orangen- oder Zitronensaft
3 Esslöffel Mehl • 1 Teelöffel gemahlener Zimt
3 Esslöffel Milch, zum Bestreichen • Hagelzucker, zum Bestreuen

ERGIBT 8 **STÜCKE • ZUBEREITUNGSZEIT** 30 MINUTEN + 2 STUNDEN KÜHLZEIT • **GARZEIT** 35–45 MINUTEN

BODEN **1. Den Mürbeteig** zubereiten, halbieren und beide Portionen in Frischhaltefolie gewickelt 1 Stunde kühlen. **2. Eine Teighälfte** ausrollen und die eingefettete Tarteform mit Hebeboden (28 cm Ø) mit dem Teig auslegen (siehe Seite 11). 1 weitere Stunde in den Kühlschrank legen.

FÜLLUNG **3. Den Backofen** auf 200 °C vorheizen. **4. Die Äpfel** schälen, entkernen und in Scheiben schneiden. Mit Zucker, Orangensaft, Mehl und Zimt vermengen. **5. Die Füllung** auf dem Boden verteilen. **6. Die andere** Teighälfte ausrollen und über die Füllung legen. Den Rand mit den Fingern rundum gut zusammendrücken und so versiegeln. Überstehenden Teig abschneiden. In die Mitte zwei Löcher einschneiden, sodass während des Backens entstehender Dampf entweichen kann. Mit der Milch bestreichen und mit Hagelzucker bestreuen. **7. Den Kuchen** 10 Minuten backen, dann die Temperatur auf 190 °C reduzieren und weitere 25–30 Minuten backen, bis er goldbraun ist. **8. Warm** oder auf Zimmertemperatur abgekühlt servieren.

• Wenn Sie dieses Rezept mögen, versuchen Sie auch den Apfel-Erdbeer-Pie auf Seite 96.

Himbeer-Kokos-Pie

BODEN

375 g Mehl • 150 g Puderzucker • 200 g gesalzene Butter, in Würfeln, plus etwas Butter zum Einfetten • 1 großes Eigelb • 2 Esslöffel Eiswasser

HIMBEER-KOKOS-FÜLLUNG

125 g Kokosraspel • 90 g Butter, zerlassen • 70 g Zucker • 3 Esslöffel saure Sahne oder Crème fraîche • 3 große Eigelb • 5 Tropfen Vanillearoma • 600 g frische Himbeeren • 1 Esslöffel Milch • Puderzucker, zum Bestäuben

ERGIBT 8 **STÜCKE • ZUBEREITUNGSZEIT** 45 MINUTEN + 1 STUNDE KÜHLZEIT • **GARZEIT** 35–40 MINUTEN

BODEN **1. Mehl,** Puderzucker und Butter in der Küchenmaschine mit der Pulsfunktion verarbeiten, bis die Mischung krümelig ist. Eigelb und 1 Esslöffel Wasser zugeben und mixen, bis eine homogene Masse entsteht. Bei Bedarf das restliche Wasser zufügen. **2. Den Teig** in zwei Portionen teilen, wobei die eine etwas größer sein sollte als die andere. Beide Portionen in Frischhaltefolie gewickelt 1 Stunde kühlen. **3. Die größere** Teigkugel zu einem 32 cm großen Kreis ausrollen. **4. Eine eingefettete** Tarteform mit Hebeboden (28 cm Ø) mit dem Teigkreis auslegen, überstehenden Teig abschneiden. **5. Den Backofen** auf 180 °C vorheizen. **6. Den Teigboden** mit Alufolie oder Backpapier belegen und mit Backerbsen befüllen. **7. Den Boden** 15 Minuten backen. Backerbsen und Folie oder Backpapier entfernen. Den Boden beiseitestellen.

FÜLLUNG **8. Zwei Drittel** der Kokosraspel, Butter, Zucker, saure Sahne, 2 Eigelb und Vanille in einer Schüssel vermengen. Die Himbeeren behutsam unterheben. **9. Die Füllung** auf dem gebackenen Boden verteilen. **10. Die zweite** Teigportion zu einem 28 cm großen Kreis ausrollen und die Füllung damit bedecken. Den Rand zusammendrücken und versiegeln. Überstehenden Teig entfernen. In die Mitte zwei Löcher schneiden, sodass während des Backens der Dampf entweichen kann. **11. Das übrig** gebliebene Eigelb mit der Milch in einer Tasse verrühren und den Teig damit bestreichen. Mit den verbliebenen Kokosraspeln bestreuen. **12. Den Kuchen** 20–25 Minuten backen, bis er goldbraun ist. **13. Warm** oder zimmerwarm mit Puderzucker bestreut servieren.

Der süße Boden passt besonders gut zu den leicht säuerlichen Himbeeren. Wenn Sie den Kuchen warm servieren, reichen Sie Vanilleeiscreme dazu.

• **Wenn Sie dieses Rezept mögen, versuchen Sie auch die Himbeertarte mit Vanillecreme auf Seite 16.**

BODEN

Mürbeteig ohne Zucker (siehe Seite 10–11)

APFEL-HEIDELBEER-FÜLLUNG

750 g säuerliche Äpfel, z.B. Granny Smiths
300 g Heidelbeeren, frische oder TK-Ware • 100 g Zucker • 2 Esslöffel Mehl
1 Teelöffel gemahlener Zimt • 2 Teelöffel fein abgeriebene Zitronenschale
1 Esslöffel Butter • 1 großes Eigelb • 1 Esslöffel Milch

ERGIBT 6–8 **STÜCKE** • **ZUBEREITUNGSZEIT** 30 MINUTEN + 90 MINUTEN KÜHLZEIT • **GARZEIT** 40–45 MINUTEN

Apfel-Heidelbeer-Pie

BODEN **1. Den Mürbeteig** zubereiten, halbieren und beide Portionen in Frischhaltefolie gewickelt 1 Stunde kühlen. **2. Eine Teighälfte** ausrollen und die eingefettete Tarteform mit Hebeboden (28 cm Ø) mit dem Teig auslegen (siehe Seite 11). Weitere 30 Minuten in den Kühlschrank legen.

FÜLLUNG **3. Den Backofen** auf 200 °C vorheizen. **4. Die Äpfel** schälen, entkernen und in Scheiben schneiden. Diese in einer Schüssel mit Heidelbeeren, Zucker, Mehl, Zimt und Zitronenschale vermengen. **5. Die Mischung** auf den Boden geben und die Butter in Flöckchen darauf verteilen. **6. Die zweite** Teighälfte zu einem 28 cm großen Kreis ausrollen und über die Füllung legen. Überstehenden Teig nach unten einfalten und andrücken. Den Rand fälteln oder kräuseln. **7. Eigelb** und Milch in einer Tasse verquirlen und den Teig damit bestreichen. Mit einem scharfen Messer kleine Schlitze in den Teig stechen, damit während des Backens Dampf entweichen kann. **8. Den Kuchen** 40–45 Minuten backen, bis er goldbraun und das Obst gar ist. **9. Warm** servieren.

Statt der Heidelbeeren eignen sich auch andere dunkle Beeren in der gleichen Menge.

• **Wenn Sie dieses Rezept mögen,** versuchen Sie auch die **Apfeltarte mit Calvados auf Seite 22.**

BODEN

Mürbeteig ohne Zucker (siehe Seite 10–11)

RHABARBERFÜLLUNG

1 kg Rhabarber, in 5 cm langen Stücken • 100 g brauner Zucker • 2 Esslöffel Mehl
5 Tropfen Vanillearoma • 1 Esslöffel Butter • 1 großes Eigelb • 1 Esslöffel Milch

ERGIBT 8 **STÜCKE • ZUBEREITUNGSZEIT** 30 MINUTEN + 90 MINUTEN KÜHLZEIT
GARZEIT 40–45 MINUTEN

Riemchen-**Rhabarber**

BODEN **1. Den Mürbeteig** zubereiten. Den Teig in zwei Portionen teilen, wobei die eine etwas größer sein sollte als die andere. Beide Portionen in Frischhaltefolie gewickelt 1 Stunde kühlen. **2. Die größere** Teigkugel ausrollen und die eingefettete Tarteform mit Hebeboden (28 cm Ø) mit dem Teig auslegen (siehe Seite 11). Weitere 30 Minuten in den Kühlschrank legen.

FÜLLUNG **3. Den Backofen** auf 200 °C vorheizen. **4. Rhabarber,** Zucker, Mehl und Vanille in einer Schüssel vermengen. **5. Die Obstmischung** auf dem Boden verteilen und die Butter in Flöckchen darübergeben. **6. Die zweite** Teigkugel ausrollen, in Streifen schneiden und als Gitter über die Füllung legen (siehe Seite 11). Am Rand andrücken und versiegeln. Überstehenden Teig abschneiden. **7. Eigelb** und Milch in einer Tasse verrühren und das Gitter damit bestreichen. **8. Den Kuchen** 40–45 Minuten backen, bis er goldbraun und der Rhabarber gar ist. **9. Warm** servieren.

Rhabarber schmeckt nicht nur gut, er enthält auch wertvolle Pflanzenfasern, blutdrucksenkendes Kalium und Vitamin C, das als Antioxidans wirkt.

• Wenn Sie dieses Rezept mögen, versuchen Sie auch die Stachelbeertarte auf Seite 62.

Aprikosen-Pie

BODEN

Pie-Teig (siehe Seite 88)

APRIKOSENFÜLLUNG

750 g Aprikosen, entsteint und in Spalten • 50 g Zucker
2 Esslöffel gemahlene Mandeln • 4 Esslöffel Orangenmarmelade • 1 großes Eigelb
1 Esslöffel Milch • 2 Esslöffel Mandelstifte • 3 Esslöffel Hagelzucker

ERGIBT 8 **STÜCKE** • **ZUBEREITUNGSZEIT** 30 MINUTEN + 30 MINUTEN KÜHLZEIT • **GARZEIT** 35–40 MINUTEN

BODEN **1. Den Teig** wie auf Seite 88 beschrieben zubereiten, zu einer Kugel formen und in Frischhaltefolie gewickelt 30 Minuten in den Kühlschrank legen. **2. Den Backofen** auf 200 °C vorheizen. Eine Tarteform mit Hebeboden (28 cm Ø) mit Butter einfetten. **3. Den Teig** auf einer leicht bemehlten Arbeitsfläche 5 mm dick zu einem 50 cm großen Kreis ausrollen. **4. Locker** über eine Teilrolle aufrollen und mittig auf die Tarteform legen, der Rand hängt dabei über.

FÜLLUNG **5. Aprikosen,** Zucker, gemahlene Mandeln und Marmelade in einer Schüssel vermengen. **6. Die Füllung** auf den Boden geben. Den Teig so über der Füllung einschlagen, dass die Mitte offen bleibt. **7. Eigelb** und Milch in einer Tasse verrühren und den Teig damit bestreichen. Dann mit Mandelstiften und Hagelzucker bestreuen. **8. Die Pastete** 35–40 Minuten backen, bis sie goldbraun und die Füllung gar ist. **9. Warm** servieren.

Aprikosen haben einen hohen Provitamin-A-Gehalt. Genießen Sie diese Pastete also doppelt.

• **Wenn Sie dieses Rezept mögen, versuchen Sie auch den Pfirsich-Pie auf Seite 98.**

ERGIBT 8 **STÜCKE** · **ZUBEREITUNGSZEIT** 30 MINUTEN + 2 STUNDEN KÜHLZEIT · **GARZEIT** 45–50 MINUTEN

Kirsch-Pie

BODEN

Mürbeteig ohne Zucker (siehe Seite 10–11)

KIRSCHFÜLLUNG

1 großes Glas Sauerkirschen, abgetropft, 250 ml Saft aufgefangen
75 g Zucker · 2–3 Tropfen Bittermandelaroma · 1 Esslöffel Speisestärke
1 Esslöffel Butter · 1 großes Eigelb · 1 Esslöffel Milch

BODEN **1. Den Mürbeteig** ohne zubereiten, halbieren und beide Portionen in Frischhaltefolie gewickelt 1 Stunde kühlen. **2. Eine Teighälfte** ausrollen und die eingefettete Tarteform mit Hebeboden (28 cm Ø) mit dem Teig auslegen (siehe Seite 11). 1 weitere Stunde in den Kühlschrank legen. **3. Den Backofen** auf 200 °C vorheizen.

FÜLLUNG **4. Kirschen,** Zucker und Bittermandelaroma in einen mittelgroßen Topf geben. Die Speisestärke in einer kleinen Schüssel nach und nach mit dem aufgefangenen Kirschsaft glatt rühren. Den Saft über die Kirschen gießen und bei mittlerer Hitze unter ständigem Rühren etwa 5 Minuten köcheln, bis die Mischung eindickt. **5. Die Füllung** auf den vorbereiteten Boden löffeln und die Butter in kleinen Flöckchen darauf verteilen. **6. Die andere** Teighälfte zu einem 28 cm großen Kreis ausrollen. Über die Füllung legen, überstehenden Teig am Rand andrücken und versiegeln. **7. Eigelb** und Milch in einer Tasse verrühren und den Teigdeckel damit bestreichen. Mit einem scharfen Messer kleine Schlitze in den Teig stechen, so kann während des Backens Dampf entweichen. **8. Den Kuchen** 40–45 Minuten goldbraun backen. **9. Warm** servieren.

● **Wenn Sie dieses Rezept mögen, versuchen Sie auch die Kirschtarte auf Seite 54.**

ERGIBT 8 STÜCKE • ZUBEREITUNGSZEIT 50 MINUTEN + 30 MINUTEN KÜHLZEIT • GARZEIT 25–35 MINUTEN

BODEN
Süßer Mürbeteig (siehe Seite 8–9)

JOHANNISBEERFÜLLUNG
500 g Rote Johannisbeeren • 100 g Feinstzucker

BAISERBELAG
5 große Eiweiß • 125 g Feinstzucker

Johannisbeerkuchen mit Baiserhaube

BODEN **1. Den süßen** Mürbeteig zubereiten und mindestens 30 Minuten kühlen. **2. Die eingefettete** Tarteform mit Heboboden (28 cm Ø) mit dem Teig auslegen und blindbacken (siehe Seite 9). Abkühlen lassen, in der Zwischenzeit die Füllung zubereiten.

FÜLLUNG **3. Die Ofentemperatur** auf 220 °C erhöhen. **4. Die Johannisbeeren** mit dem Zucker behutsam vermengen und beiseitestellen.

BAISERHAUBE **5. Das Eiweiß** in einer großen Rührschüssel mit dem Handrührgerät auf mittlerer Stufe aufschlagen, bis sich feste Spitzen bilden. Den Zucker einrieseln lassen und dabei weiterschlagen. **6. Einen Teil** des Eischnees am Rand des Teigs entlang verteilen. Die gezuckerten Beeren in die Mitte füllen und mit dem restlichen Eischnee bedecken. Mit einem Spatel glatt streichen, dabei den Teigrand ganz bedecken. **7. Den Kuchen** 15–20 Minuten backen, bis der Eischnee hellbraun wird und der Boden gerade eben fest ist. **8. Warm** oder auf Zimmertemperatur abgekühlt servieren.

Statt der Roten eignen sich auch Schwarze oder Weiße Johannisbeeren in der gleichen Menge.

• **Wenn Sie dieses Rezept mögen, versuchen Sie auch die Zitrustarte mit Baiserhaube auf Seite 32.**

Torta **della Nonna**

ERGIBT 10 **STÜCKE** • **ZUBEREITUNGSZEIT** 30 MINUTEN • **GARZEIT** 45–50 MINUTEN

BODEN

125 g Butter, plus etwas Butter zum Einfetten
200 g Zucker • 3 Eier (Größe L)
300 g Mehl • 1 Teelöffel Backpulver • 1/4 Teelöffel Salz

CREMEFÜLLUNG

500 ml Milch • 4 große Eigelb • 180 g Puderzucker, plus etwas Puderzucker zum Bestäuben
2 Esslöffel Mehl • 5 Tropfen Vanillearoma • 2 Esslöffel Mandeln

BODEN **1. Den Backofen** auf 180 °C vorheizen. Eine Tarteform mit Hebeboden (25 cm Ø) einfetten. **2. Butter** und Zucker mit dem Handrührgerät auf mittlerer Stufe hell und cremig rühren. Die Eier nacheinander einarbeiten. Auf niedriger Stufe Mehl, Backpulver und Salz einrühren. **3. Den Teig** zu zwei 26 cm großen Kreisen ausrollen. FÜLLUNG **4. Die Milch** in einem Topf bei mittlerer Hitze aufkochen. Eigelb, Puderzucker und Mehl in einer Rührschüssel vermengen. Unter ständigem Rühren die heiße Milch zugießen. Die Mischung zurück in den Topf geben und bei niedriger Hitze etwa 5 Minuten köcheln, dabei ständig rühren, bis die Mischung eindickt. Vom Herd nehmen und die Vanille einrühren. **5. Die Backform** mit einem Teigkreis auslegen, die Füllung darauf verstreichen, dabei zur Mitte eine Erhebung formen. Mit der zweiten Teigscheibe bedecken und den Rand mit den Fingern rundum zusammendrücken. Mit den Mandeln bestreuen. **6. Den Kuchen** 35–40 Minuten backen, bis er goldbraun ist. **7. Bei Zimmertemperatur** in der Form auf einem Kuchengitter abkühlen lassen. Vor dem Servieren mit Puderzucker bestäuben.

Dieses Rezept ehrt die Backkünste der Großmütter. Wörtlich heißt sie „Torte der Oma".

• **Wenn Sie dieses Rezept mögen, versuchen Sie auch den Neapolitanischen Kuchen auf Seite 124.**

BODEN

150 g Bitterschokolade, grob gehackt
200 g Mehl, plus etwas Mehl zum Bestäuben
200 g fein gemahlene Mandeln • 100 g Zucker • 1/4 Teelöffel Salz
180 g weiche Butter, plus etwas Butter zum Einfetten • 3 große Eigelb

SCHOKOLADENFÜLLUNG & BELAG

1 Rezeptmenge Schokoladenfüllung, gekühlt (siehe Seite 84)
375 g Sahne (mit hohem Fettgehalt) • 2 Esslöffel Mandelstifte

ERGIBT 8 **STÜCKE** • **ZUBEREITUNGSZEIT** 30 MINUTEN + 1 STUNDE KÜHLZEIT • **GARZEIT** 20–25 MINUTEN

Schoko-Mandel-Kuchen mit Sahne

BODEN **1. Die Schokolade** im Wasserbad schmelzen. Zum Abkühlen beiseitestellen. **2. Mehl,** gemahlene Mandeln, Zucker und Salz in einer großen Schüssel vermengen. Butter und Eigelb mit einem Handrührgerät auf mittlerer Stufe einarbeiten. Auf niedriger Stufe die Schokolade einrühren. **3. Den Teig** zu einer Kugel formen, mit Frischhaltefolie umwickeln und 1 Stunde in den Kühlschrank legen. **4. Den Backofen** auf 180 °C vorheizen. **5. Den Teig** auf einer leicht bemehlten Arbeitsfläche zu einem 30 cm großen Kreis ausrollen. Eine Tarteform mit Hebeboden (25 cm Ø) einfetten und mit dem Teig auslegen. Mit einer Gabel mehrmals gleichmäßig einstechen, mit Alufolie oder Backpapier belegen und mit Backerbsen befüllen. **6. Den Boden** 15–20 Minuten blindbacken. **7. Backerbsen** und Folie oder Papier entfernen und den Teig in der Form auf einem Kuchengitter abkühlen lassen.

FÜLLUNG **8. Die vorbereitete** Schokoladencreme auf dem Boden verteilen. **9. Die Sahne** mit dem Handrührgerät auf hoher Stufe steif schlagen. Die Schlagsahne erst kurz vor dem Servieren auf der Creme verstreichen und mit den Mandelstiften bestreuen. **10. Sofort** servieren.

• Wenn Sie dieses Rezept mögen, versuchen Sie auch die Schoko-Himbeer-Tarte auf Seite 84.

RICOTTAFÜLLUNG

125 g Weizenkörner • 200 ml Milch
60 g Butter • 100 g Zitronat, gehackt • 1 Esslöffel Mehl
750 g Ricotta, abgetropft • 7 Eier (Größe L) plus 3 große Eigelb
1/4 Teelöffel gemahlener Zimt • 500 g Zucker • 2 Esslöffel Orangenblütenwasser

BODEN

500 g Mehl, plus etwas Mehl zum Bestäuben • 200 g Zucker
200 g Butter, in Würfeln, plus etwas Butter zum Einfetten • 2 Eier (Größe L) plus 2 große Eigelb

ERGIBT 8 **STÜCKE** • **ZUBEREITUNGSZEIT** 30 MINUTEN + 12 STUNDEN EINWEICHZEIT UND 1 STUNDE KÜHLZEIT • **GARZEIT** 1 STUNDE, 25–30 MINUTEN

Neapolitanischer Kuchen

FÜLLUNG **1. Die Weizenkörner** 12 Stunden oder über Nacht in kaltem Wasser einweichen.
BODEN **2. Mehl,** Zucker und Butter in der Küchenmaschine mit der Pulsfunktion mixen, bis eine krümelige Mischung entsteht. Eier und Eigelb zufügen und zu einem glatten Teig verarbeiten. **3. Den Teig** zu einer Kugel formen, mit Frischhaltefolie umwickeln und 1 Stunde kühlen. **4. Die Weizenkörner** abtropfen lassen und in leicht gesalzenem Wasser etwa 30 Minuten köcheln, bis sie weich sind. Wieder gründlich abtropfen lassen. **5. Weizen** mit Milch und Butter in einem Topf bei niedriger Hitze 10 Minuten köcheln, dann vom Herd nehmen. **6. Den Backofen** auf 180 °C vorheizen. **7. Das Zitronat** im Mehl wenden und in die Weizenmischung rühren. **8. Den Ricotta** in der Küchenmaschine glatt rühren. Die Eier und Eigelb nacheinander zugeben und jeweils gut unterrühren. Zimt, Zucker und Orangenblütenwasser zufügen und einarbeiten. **9. Weizenmischung** und Ricottamischung in einer großen Rührschüssel vermengen. **10. Drei Viertel** des Teigs auf einer leicht bemehlten Arbeitsfläche zu einem 30 cm großen Kreis ausrollen. **11. Eine Springform** (26 cm Ø) einfetten. Boden und Rand mit dem Teigkreis auslegen. **12. Die Füllung** auf dem Boden verteilen. **13. Den verbliebenen** Teig ausrollen und in 1,5 cm breite Streifen schneiden. Den Kuchen gitterförmig damit belegen (siehe Seite 11). **14. Den Kuchen** 45–55 Minuten backen, bis er goldbraun ist. **15. In der** Form abkühlen lassen. **16. Zimmerwarm** servieren.

Dieser Kuchen ist in Italien sehr beliebt. Er stammt aus Neapel, im Süden des Landes.

● Wenn Sie dieses Rezept mögen, versuchen Sie auch die Torta della Nonna auf Seite 120.

Register